ANDRÉ

CHÉNIER

PAR

MÉRY

—

TOME III.

BRUXELLES ET LEIPZIG.

KIESSLING ET COMPAGNIE,

28, Montagne de la Cour.

—

1880.

ANDRÉ CHÉNIER.

TYPOGRAPHIE DE

J.-A. JOOSTENS, *Imprimeur-Éditeur*,

55, Chaussée et faubourg de Laeken.

ANDRÉ CHÉNIER,

PAR

M. MÉRY.

—

TOME III.

—

BRUXELLES et LEIPZIG.

KIESSLING ET COMPAGNIE,

26, Montagne de la Cour.

—

1850

ANDRÉ CHÉNIER.

XXVI.

EN VENDÉE.

M. de Pressy avait réuni quelques voisins dans son château, dont le parc s'étendait sur les limites du département de la Vendée. On était sorti de table, et la conversation, prenant une tournure sérieuse, se continuait sur la terrasse, entre plusieurs groupes de gentilshommes, et ne paraissait pas devoir s'arrêter aux heures les plus avancées de la nuit.

M. d'Elbois, le voisin le plus proche de M. de Pressy, était un de ces nobles qui avaient suivi de loin les idées de Montmorency et de Lafayette, et qui par conséquent se trouvaient encore parfois en opposition avec les royalistes purs, ennemis constants de toute transaction.

— Cela vous étonne, mon cher d'Elbois! disait de Pressy. Vous êtes bien bon vraiment de vous étonner! Est-ce que la guerre civile ne devait pas être la conséquence naturelle de la révolution?

— Non! mille fois non! et Mme de Pressy me fait un signe de tête qui m'annonce qu'elle partage mon avis.

— Mais c'est que Mme de Pressy, ma femme, a été nourrie des mêmes idées ; Mme de Pressy a salué, comme on dit, avec transport, l'aurore de la révolution ; c'est une phrase toute faite. Mme de Pressy a dévoré le *Contrat social* au couvent ; elle a applaudi les tragédies de Marie-Joseph Chénier et les gazettes d'André, son frère... Ne m'interrompez pas, Marguerite, je vous prie... Je sais qu'au fond vous avez un cœur royaliste ; je sais que 93 vous a éclairée sur 89 ; mais il y a toujours à cette heure, au fond des meilleures âmes, un levain philosophique, qui ne peut s'évaporer tout de suite, comme une goutte de rosée au soleil. Aussi, ma chère Marguerite, et vous, mon excellent d'Elbois, vous êtes forcés, par vos antécédents, à croire qu'une révolution pouvait s'accomplir en France le plus pacifiquement du monde, et qu'une guerre civile aurait pu être conjurée, par des procédés faciles et humains.

— Oui, M. le comte, je le crois encore, dit d'Elbois.

— Et je le croirai toujours, ajouta la comtesse Marguerite de Pressy.

— C'est donc une erreur incurable ? dit le comte.

— Savez-vous ce qui manque à la France ? dit d'Elbois, en croisant les bras sur sa poitrine.

— Beaucoup de choses manquent à la France, nous le savons, dit le comte.

— Avant tout, poursuivit d'Elbois, ce sont les hommes d'Etat qui nous manquent. Il n'y a plus de Sully, plus de Colbert, plus de Richelieu.

— Vraiment ! — dit le comte en joignant ses mains à la hauteur de son visage, — vraiment, mon cher voisin d'Elbois, vous êtes d'une naïveté adorable ! Je voudrais bien voir aujourd'hui les Colbert, les Richelieu, les Sully, et tous les grands hommes d'Etat de la monarchie absolue, se débattre dans les broussailles d'une constitution démocratique ! De bonne foi, croyez-vous que Richelieu même se tiendrait debout vingt-quatre heures sur notre sol révolutionnaire, sur ce terrain qui tremble toujours ? Rassemblez les grands administrateurs politiques des vieux jours ; rassemblez-les en conseil ministériel, autour d'une table verte aux Tuileries, et le lendemain ils auront tous disparu dans une tempête, comme Romulus ! Mon cher d'Elbois, il était fort aisé d'être ministre lorsqu'il n'y avait qu'un ministre, qu'une volonté, qu'un roi, qu'un pouvoir. La besogne était facile. On était Richelieu, Colbert, ou Sully, ou Mazarin, à volonté. Voulait-on joindre la Méditerranée à l'Océan par un trait d'union continental, on disait un mot, on faisait un signe, et l'œuvre était accomplie. Au nom du ciel ! ne commettons pas de telles erreurs chronologiques ! Nous avons aujourd'hui à la Convention sept cents rois au lieu d'un ; il n'y a donc plus de Colbert possible ; et, pour sa gloire, Colbert est très-heureux d'être venu au monde il y a cent ans !

— Tout ce que vous dites, mon cher de Pressy, remarqua d'Elbois, est spécieux, mais ne me convertit point à votre foi. Je persiste dans mon opinion...

— Vous ne m'apprenez rien de nouveau, d'Elbois ; on ne discute que pour persister ensuite dans ses opinions.

— Oui, de Pressy ; mais vous ne m'avez pas permis de développer les miennes.

— Développez, mon cher d'Elbois, développez.

— Je vous accorde gain de cause au sujet de la position respective des hommes d'État d'autrefois et d'aujourd'hui.

— C'est bien heureux, d'Elbois.

— Mais, mon cher de Pressy, la Convention pouvait s'éviter une grande faute, par prévoyance facile, et sans le secours d'aucun homme d'État.

— Voilà précisément ce que je nie, mon cher d'Elbois. Une immense agglomération d'hommes, dans notre pays, ne peut jamais s'éviter une grande faute, lorsque l'occasion de la commettre se présente. Sept cents Colbert réunis ne vaudraient pas un seul Colbert isolé.

— Ceci est à prouver...

— C'est prouvé pour moi ; continuez toujours.

— Ecoutez, de Pressy, mon raisonnement est fort simple. Si la Convention eût réfléchi un instant...

— Vous demandez l'impossible à la Convention... Continuez toujours, d'Elbois...

— Mais ne m'interrompez plus... Si la Convention eût réfléchi un instant, elle aurait vu qu'en traitant la Vendée comme on a fait, elle s'attachait au cœur un feu grégeois qui la dévorerait. La grande erreur du moment, c'est de croire que la guerre qui vient d'éclater en Vendée est une guerre politique ; c'est mieux que cela : c'est une guerre religieuse. Le 21 janvier, sans doute, avait ému les paysans vendéens, mais ne les avait pas soulevés. Il fallait plus. La Convention devait savoir que, dans un coin de la France, vivait un peuple énergique, brave, sobre, religieux, qui avait l'amour de ses campagnes, de ses forêts, de ses églises, de ses prêtres, de ses traditions.

On pouvait lui ôter son roi, à ce peuple, mais on ne devait pas lui ôter son Dieu. C'est pourtant ce qu'un aveuglement déplorable a fait ! on a démoli ses églises, brisé ses croix, dévasté ses couvents, banni ses prêtres. Faute immense qui prend le caractère d'une étourderie d'écoliers politiques ! faute qui causera tous les malheurs du pays, parce que cette énergique résistance de l'intérieur va se combiner malheureusement avec les terribles agressions du dehors, et que, par inexorable nécessité, la révolution, en voulant éteindre deux incendies allumés par ses fautes, ne pourra les éteindre qu'avec des flots de sang, sur le champ de bataille et sur l'échafaud.

— Mon cher d'Elbois, vous êtes ici, je crois, dans la vérité. Je l'accorde. Seulement vous avez nourri une illusion étrange, en croyant que les sept cents rois de la Convention pouvaient agir autrement qu'ils ne l'ont fait. Quoi! pouvez-vous supposer un instant que la Convention ait pu se tenir ce langage à elle-même : — La Vendée est un pays de forêts, de collines et de ravins; il y a là, dans ces bocages, un peuple de héros. Ne touchons pas à la religion de ce peuple; n'attachons pas ce brûlot incendiaire aux flancs du vaisseau républicain. Nous en avons déjà bien assez des armées étrangères qui nous attaquent vers l'Escaut, la Sambre, la Meuse et le Rhin!... Quoi! mon cher et candide voisin, n'avez-vous pas compris qu'il y a trop de bon sens dans cette réflexion si simple, pour qu'elle puisse entrer dans une collection de sept cents cerveaux humains!

— Eh bien! mon cher de Pressy — dit d'Elbois en s'inclinant — j'avoue ma candeur avec franchise, et je m'étonnerai toujours que la Convention n'ait pas trouvé ce que tout homme sage trouvera du premier coup, s'il prend la peine d'étudier la Vendée un seul instant, sur la carte et dans son histoire.

— D'Elbois, mon ami, vous méritez d'avoir de l'expérience, et vous en avez.

— Mais, en attendant, mon cher de Pressy, quel parti avons-nous à prendre, nous?

— Quel parti? demandez-vous. Mais je vous l'ai dit ce matin, et je vous le redis ce soir. Nous n'avons qu'un seul parti à prendre, il n'y a pas de choix.

— Comment! cher de Pressy, vous qui êtes encore, pour ainsi dire, dans la lune de miel; vous, le mari adoré de la plus charmante des femmes; vous, le châtelain opulent et sybarite, vous irez vous mettre à la tête d'une compagnie de paysans et faire cette rude guerre de broussailles et de ravins !

— Eh ! sans doute ! Que trouvez-vous là d'étonnant ? Bientôt j'aurai à choisir entre deux émigrations. Je choisis celle de la Loire. Tous mes nobles amis ont déjà tiré l'épée vendéenne et jeté le fourreau; voulez-vous que je reste en arrière, moi ? Le nom de ma famille n'est pas destiné à la flétrissure tant que je le porterai.

— Vous avez pourtant une fort bonne excuse...

— Oh ! je vous arrête là, d'Elbois ! Une excuse n'est jamais bonne puisqu'elle sert à diminuer une faute. Au reste, j'ai déjà communiqué mon projet à madame de Pressy, qui a le cœur trop bien placé pour me détourner d'une louable résolution.

— En cela, remarqua d'Elbois, madame de Pressy agit comme agissent les femmes de presque tous les gentilshommes.

— De tous, de tous... dit de Pressy.

— Oh ! interrompit en riant d'Elbois, il y a bien eu, çà et là, quelques gentilshommes qui ne se sont décidés à partir pour la Vendée qu'après avoir reçu des quenouilles à domicile.

— Eh bien ! je veux éviter un pareil cadeau, dit de Pressy. Au reste, cette campagne de royalistes à l'intérieur est tout à fait dans mes sentiments... D'ailleurs, madame de Pressy, quoique mariée depuis peu, est incapable de me conseiller une désertion, une lâcheté.

Un silence se fit... C'était la troisième fois en une heure que M. de Pressy provoquait adroitement l'opinion de sa femme sur ce départ pour la Vendée, et Mme de Pressy s'obstinait à garder un silence qui pourtant ressemblait à une adhésion.

À ce troisième appel, la belle Marguerite de Pressy inclina tristement la tête, et après avoir réfléchi quelques instants, elle dit avec un ton de mélancolie déchirante :

— Dans quel temps sommes-nous obligés de vivre, et combien il est cruel d'expier les fautes des autres, lorsqu'on est innocent! Oui, parce qu'il plaît à quelques cerveaux turbulents de remuer la France comme un hochet, pour se donner quelques distractions dans leurs ennuis, nous sommes forcés, nous, d'empoisonner aussi notre existence, qui était douce, de tourmenter notre repos, de sortir de notre sérénité! Il est, certes, bien cruel de souffrir pour les erreurs des autres, pour des gens qui, à coup sûr, ne souffriraient rien pour nous !

— Cela est vrai, ma chère Marguerite, dit de Pressy; mais je ne trouve pas encore, dans ces paroles, une adhésion complète à mon départ.

— Mais comment donc, monsieur de Pressy, comment entendez-vous que je m'exprime? Est-il convenable que je vous dise : Oui, comte de Pressy, ne perdez pas un moment, l'honneur crie! votre devise vous conseille ! Vos aïeux vous parlent ! point de retard ! Chaque minute perdue ôte un point d'or à l'émail de votre blason !... Vous savez cela très-bien, monsieur le comte, avant qu'une femme le dise, et connaissant, moi, les sentiments de votre noble cœur, je me tairai toujours lorsqu'il s'agira pour vous de prendre une honorable détermination.

L'entretien prenant ainsi une tournure confidentielle, M. d'Elbois se retira lentement à l'écart pour donner toute liberté aux époux de Pressy.

M. de Pressy regardait sa femme avec une tristesse mystérieuse dont aucun témoin n'aurait pu sonder les secrets. Ce noble gentilhomme ne redoutait rien dans les périls et les fatigues de la terrible guerre qui s'allumait aux environs. Il était d'une forte race militaire,

et ses goûts traditionnels le portaient au champ de bataille bien mieux qu'aux ennuis somnolents du manoir
féodal. Quelle cause donnait donc une tristesse si grande
à cette noble figure, où la grâce adoucissait la fierté, à
ce moment qui appelait toute l'aristocratie française
sous les bannières de la religion comme au temps de
Louis IX ?

La raison la plus naturelle à donner est celle-ci : Eh !
mon Dieu ! quel homme ne se laisserait accabler par la
tristesse, dans une position pareille ! On épouse une
femme adorée; on enlève ce trésor au monde; on le
cache dans un manoir voilé d'ombre et flanqué de tours.
Une vie de délices commence. L'Eden est réalisé; le
premier chapitre de la Genèse est mis en action; la
terre n'a été créée que pour deux êtres; l'époux chante
un hymne perpétuel d'extase et d'amour; il vivra toujours à l'ombre de ces beaux arbres, aimant, aimé. Le
soleil ne luira que pour eux !

Tout à coup, parce qu'il plaît à la Convention de provoquer les dévots paysans de la Vendée, il faut que ce
jeune époux de la veille, qui s'épanouissait dans sa joie
nuptiale, abandonne subitement son bonheur, change
en rêve triste la réalité divine, et parte pour la guerre
civile, avec l'espoir de faire une veuve et de laisser
probablement à un inconnu, comme un héritage d'amour,
la céleste femme objet de son adoration !

Oui, il est permis, même au stoïcien comte de Pressy,
d'étaler une sombre mélancolie sur son visage, dans des
moments si douloureux.

Et pourtant, comme la tristesse a évidemment beaucoup de variété dans ses teintes et ses nuances, un
très-sagace observateur n'aurait rien admis de toutes
ces conjectures, en examinant le visage du comte de
Pressy.

— Eh bien! Marguerite, poursuivit le comte, il

faut que je vous parle avec franchise, dans ce moment si solennel, qu'il ressemble au suprême moment de la mort...

— Il me semble, interrompit Marguerite, que vous parlez toujours avec franchise ; parlez-vous autrement quelquefois ?

— Sans doute, ma belle Marguerite ; les hommes quelquefois nous obligent à nous déguiser.... Il faut bien se battre avec eux à armes égales... Mais avec vous, ma femme, c'est bien différent... Oui, Marguerite, si je voyais en vous, même l'ombre, même l'apparence d'un de ces mouvements qui retiennent, j'avoue, à ma honte, que je me laisserais peut-être retenir... par la plus douce des mains... Oui, Marguerite, dussé-je attendre, au fond de ce château, l'ironique présent d'une quenouille, je resterais auprès de toi, mon ange adorable, si je trouvais un signe de ton doigt entre ces beaux arbres et les drapeaux du soldat vendéen.

La comtesse Marguerite de Pressy baissa les yeux, et réfléchit de l'air d'une femme qui essaie, avant de répondre, de deviner la pensée de son mari.

— Mon cher ami — dit-elle en relevant la tête avec une certaine résolution — est-ce bien la franchise qui parle en ce moment dans votre bouche ?

— Oui, Marguerite.

— Eh bien ! mon cher comte, cette franchise ressemble beaucoup à de la dissimulation.

— Expliquez-vous mieux, Marguerite, car je ne vous comprends pas du tout.

— Vous me supposez donc capable de vous conseiller une lâcheté, moi ? Oubliez-vous que j'appartiens aussi, moi, aux plus nobles familles militaires ? Oubliez-vous que je suis la nièce de Dupleix, le héros des Indes ? Oubliez-vous que je suis la veuve d'un héros qui a fait sauter son navire dans la rade de Pondichéry, pour éviter la honte de livrer notre pavillon à l'Anglais ?

La comtesse, en disant ces paroles, avait pris une pose héroïque ; elle n'était plus femme, elle était déesse ; ses grands yeux brillaient comme deux étoiles tombées du ciel sous le dôme des grands arbres du château.

— Non, Marguerite, non, dit avec mélancolie le comte ; non, je n'oublie rien... rien... pesez bien ce mot... méditez bien ce mot... je n'oublie rien !

La comtesse poussa un soupir de satisfaction comme si elle n'eût pas compris le sens vrai de la phrase du comte.

— C'était donc une feinte, dit-elle ; mais je ne pouvais être un instant la dupe de M. de Pressy, qui essayait de jouer au poltron, et qui semblait vouloir attendre en riant l'envoi d'une quenouille. La comtesse Marguerite de Pressy n'a pas donné dans le piége ; elle connait trop le noble cœur de son mari.

— Oh ! les femmes ! les femmes ! dit le comte en joignant les mains et en laissant tomber son front.

— Que signifie cette exclamation ? demanda la comtesse d'un ton naïf.

— Elle ne signifie rien, dit le comte... absolument rien !... Marguerite, cette nuit même je partirai.

— Eh ! voilà maintenant de l'exagération dans l'empressement, dit la comtesse avec une émotion, cette fois véritable, pourquoi partir si tôt ? personne ne vous en fait une loi... et d'ailleurs, croyez-vous que je vous laisse éloigner avec cette sombre tristesse qui ne doit jamais accompagner le soldat à son départ !...

— Marguerite — interrompit le comte en serrant les mains de sa femme — il est impossible qu'une femme puisse tromper un homme dans un moment pareil. Croyez-le bien : il y a de ces nuances, de ces délicatesses de sentiment qui disent tout, qui trahissent tout, qui révèlent tout dans les heures suprêmes... Marguerite, vous avez pour moi de l'estime, du dévouement, de l'amitié ; mais... j'ai le courage de vous le dire : vous ne m'aimez pas.

La comtesse demeura immobile et muette.

— Vous ne m'aimez pas, poursuivit le comte, et cette pensée est la seule chose qui puisse adoucir l'amertume de mon départ.

— Je ne m'attendais point à ce dénouement étrange —dit la comtesse d'une voix qui s'efforce à prendre de la fermeté — je voudrais savoir ce qui peut m'attirer un compliment si flatteur.

— Point de raillerie, ma chère Marguerite ; vous avez cherché une phrase pour répondre à ce compliment, et vous ne l'avez pas trouvée, vous si intelligente toujours !... Au reste, je ne vous reproche rien : tout est ma faute. Vous êtes venue à moi avec une loyauté de souvenir qui vous honore, car vous étiez libre à Versailles, et vous pouviez...

— Assez ! assez ! monsieur le comte — dit Marguerite en laissant éclater des larmes — vous méritez d'être heureux ! Ce n'est pas une lâcheté que je vous conseille, c'est un ordre que je vous donne !... Vous ne partirez pas !

Le comte de Pressy devina trop bien tout ce qu'il y avait d'exquise délicatesse dans ce dernier sentiment que sa femme venait d'exprimer avec une vivacité si touchante pour lui ; mais à ce brusque réveil de l'affection domestique il manquait une chose que rien ne remplace : il manquait l'amour.

Pourtant le comte fit semblant de se contenter de cette simple affectation, faute de mieux, et sans renoncer intérieurement à ses projets de royaliste vendéen, il feignit encore de se soumettre à un ordre qui le rendait prisonnier de sa femme, lorsque l'impérieux hon-

neur appelait toute la noblesse non émigrée sous les
drapeaux des paysans vendéens.

Hélas! il n'y a rien de stable, rien de certain dans
les projets et les résolutions adoptés au milieu des orages
politiques! Dans ces heures brûlantes, l'avenir même
du lendemain n'existe pas.

Sous les arbres de la grande allée du château, un ca-
valier tout couvert de poussière passa comme un fan-
tôme équestre, et avec la rapidité de l'éclair; il s'arrêta
brusquement devant le perron, et toute la société du
comte accourut des appartements et des profondeurs du
parc, pour apprendre une de ces nouvelles toujours
attendues, et qui étaient toujours un chapitre nouveau
de la terrible histoire qu'à cette époque le fer écrivait
avec du sang.

Cette nouvelle était celle-ci : — on demandait des
chefs, on demandait des armes. On se battait à l'horizon.
L'incendie gagnait du terrain à tout moment. C'était
encore comme au temps des formidables nouvelles des
grands désastres antiques; où une voix criait dans la
nuit : — *La maison du voisin brûle!* (1) Courez au secours!

A ces terribles révélations, les têtes s'exaltèrent et
les mains saisirent la garde des épées. Il n'était plus
permis de fouler des tapis de fleurs ou des parquets de
marbre, dans une douce résidence, comme avant 89.
Tout gentilhomme retardataire méritait de recevoir une
barre de bâtardise sur son blason ; les épées n'étaient
plus des parures de ville et des compléments de toilette,
elles redevenaient des armes. Une minute de plus écou-
lée sous les lambris d'un château commençait un déshon-
neur.

Les femmes elles-mêmes n'osèrent plus retenir ; leurs
mains ne montrèrent plus le château tranquille, elles

(1) *Jam proximus ardet* (VIRGILE, *En.*, livre 2.)

désignent l'horizon incendié.

Que fallait-il pour se mettre en route ? Un cheval et des armes ; on n'avait besoin que de cela pour mourir.

Le comte de Pressy et d'Elbois donnèrent l'exemple ; les premiers ils montèrent à cheval afin de profiter des bonnes heures de la nuit, et de retrouver quelque tronçon de l'armée vendéenne aux premiers rayons du soleil.

Les deux gentilshommes coururent à travers plaines, collines et ravins, avec tant d'ardeur, que, le jour venu, ils étaient piétons ; leurs chevaux restèrent en route, morts d'épuisement. Le pays qui se déroulait devant eux avait un aspect sauvage et primitif ; c'était plutôt un paysage de l'île Don-Juan-Fernandez qu'un département de la République française : la virginale âpreté du sol, les masses ténébreuses des arbres, les accidents tourmentés des collines, le cours vagabond des eaux, un terrain majestueusement dédaigneux de la culture, tout annonçait une nature forte et mère d'énergiques enfants.

Le comte et d'Elbois admirèrent ce paysage, comme des voyageurs qui découvrent un archipel dans l'océan du Sud. De Pressy oublia même un instant ses douleurs, et redevint l'insoucieux gentilhomme de son hôtel de Versailles. — Vraiment ! — dit-il en donnant de rapides regards à tous les environs — il faut être mala-visé comme un comité de salut public, pour provoquer une guerre dans un pays pareil... Vous aviez raison, mon cher d'Elbois. On aurait pu très-bien éviter cette guerre civile, une guerre qui ne finira pas, et qui ne peut finir, tant qu'il y restera douze paysans catholi-ques privés de messes et de sacrements.

— C'est incontestable, dit d'Elbois, le premier de-voir d'un homme d'Etat serait de connaître la France dans tous ses détails, et précisément, voilà toujours ce qu'on ignore. On donne une constitution uniforme à un pays qui a des brouillards au Nord, et du soleil au Midi ; des mélèses à Dunkerque, et des orangers à Hyères ; qui boit du cydre en Normandie et de l'essence en Languedoc ; qui a lu Rousseau d'un côté et Voltaire de l'autre ; qui est protestant à l'Est et catholique à l'Ouest ; qui est baigné par l'Océan, par des rivières et par la Méditerrannée, et qui enfin, à cause de tout cela, est un immense amalgame de tous les caractères, de tous les tempéraments, de toutes les organisations. On a voulu faire *un et indivisible* ce qui est par sa nature divisible à l'infini. Voilà l'écueil où se briseront éternellement tous les pouvoirs et toutes les constitutions. Autant vaudrait-il rassembler dans une arche toutes les espèces d'animaux et les obliger à se nourrir de la même manière et à vivre avec les mêmes mœurs.

— Oui, dit de Pressy, mais à cela on répondra que l'homme est doué de raison, et que...

— Comte de Pressy, interrompit d'Elbois, ne riez pas en prononçant ces mots. Hélas ! nous connaissons trop bien l'usage que l'homme fait de sa raison.

— Il la perd, dit tristement de Pressy.

— Mais, poursuivit d'Elbois, ne soyons pas trop sévères envers les autres. Ne jetons la première pierre à personne ; nous avons aussi des fautes à expier, aujourd'hui... Ecoutez, de Pressy... écoutez... et rentrez comme moi dans de vieux souvenirs... Il y a vingt ans, à pareil jour, nous étions, vous et moi, à Chanteloup, chez M. le duc de Choiseul ; nos pères nous y avaient conduits !... Vous souvenez-vous, cher Pressy, de ce que nous avons vu, dans notre plus jeune âge, à Chanteloup, ce jour-là ?

— Parfaitement, mon cher d'Elbois : on jouait le *Mariage de Figaro* de M. Beaumarchais.

— Bien ! et après que faisions nous ?

— Ce que faisaient nos familles.

— Et que faisaient nos familles, mon cher de Pressy?

— Nos familles applaudissaient la philosophie du barbier Figaro, et se moquaient fort agréablement de la noblesse, représentée par le comte Almaviva.

— Très-bien, mon cher de Pressy; votre mémoire est bonne. J'ajouterai seulement que ceci vous est échappé peut-être... Vous rappelez-vous ce couplet qui finissait ainsi :

> De vingt rois que l'on encense,
> Le trépas brise l'autel,
> Et Voltaire est immortel !

— Ce couplet me revient parfaitement, mon cher d'Elbois.

— Vous souvient-il aussi qu'on l'applaudissait avec fureur ?

— Oui... mais je me souviens aussi, d'Elbois, qu'il y avait là des gentilshommes qui secouaient la tête et n'applaudissaient pas...

— C'est juste, de Pressy; mais ceux-là on les appelait des Cassandre, des Calchas, des Cazotte, et on *bissait* le couplet.

— Et nous aussi, d'Elbois, nous avions perdu la raison. C'est une grande erreur de croire que ce sont les petits qui font une révolution : les petits l'achèvent; ce sont les grands qui la commencent toujours.

— Au moins, dit d'Elbois, nous sommes plus heureux que nos pères morts. Nous pouvons réparer par de glorieux exemples et d'héroïques dévouements les erreurs d'une partie de la noblesse de France. Si la guerre vendéenne ne nous donnait que cette occasion d'effacer quelques souvenirs sur quelques armoiries; nous devrions la bénir.

De Pressy, qui tout en causant, observait en éclaireur les sombres massifs de verdure qui couvraient les

terrains et les routes de chevriers, s'arrêta et fit arrêter d'Elbois, en étendant son bras devant lui.

— Il faut avoir ici l'œil du chasseur — dit-il en souriant — ne voyez-vous rien dans une éclaircie de bois,
à cinq cents pas environ à votre droite ?...

D'Elbois enfonça ses regards dans la direction indiquée, et fit le signe de tête qui veut dire : Je ne vois
rien du tout.

— Et moi, dit de Pressy, j'ai de meilleurs yeux que
vous... A cette distance, je découvrirais en chasse un
solitaire dans sa *bauge*; je pourrais être valet de li-
mier...

— Alors, que voyez-vous, de Pressy ?...

— D'abord, mon cher d'Elbois, mettons-nous un peu à
l'écart, dans le fourré... Ce qu'il y a de certain, c'est
qu'il y a des hommes, et que j'ai vu luire des armes.

— Ce sont peut-être des chasseurs, dit d'Elbois.

— Oh ! il n'y a plus de chasseurs en Vendée, il n'y
reste plus que des soldats...

— Vous avez raison, de Pressy.

— Attendez... attendez, d'Elbois... Laissez-moi percer de l'œil tout ce bocage ; il me suffira de saisir le
moindre accident... Une nuance... une couleur... l'ombre d'un corps, pour vous dire si nous avons devant
nous des amis ou des ennemis...

De Pressy examinait avec une attention fixe cette
partie suspecte du bois, et des flammes semblaient sortir
de ses yeux.

— Oui, poursuivit-il ; je ne demandais qu'une
ombre... La voilà !... je l'ai vue... elle vient de s'allon-
ger au soleil... le corps est invisible... l'ombre paraît
et disparaît avec des mouvements irréguliers. Sur elle,
je vois parfaitement se mouvoir un fusil sans baïon-
nette... une sentinelle est là... devant un poste de
paysans...Cette ombre n'est pas celle d'un soldat. La senti-

nelle porte un fusil de chasse. Nous sommes avec les *blancs*; il n'y a pas de *bleus*, c'est sûr... avançons!

Disant ces mots, le comte de Pressy tira de sa poche une large cocarde blanche et la fixa sur son chapeau D'Elbois fit la même chose, et les deux gentilhommes s'avancèrent d'un pas résolu.

Ils répondirent tous deux par le cri de royalistes au *qui vive*! de la sentinelle, et selon les justes prévisions du comte de Pressy, ils ne tardèrent pas à se trouver au milieu d'un bataillon de huit cents paysans vendéens, dont la moitié au moins avaient des armes à feu; les autres attendaient une victoire pour en avoir.

De Pressy connaissait les jeunes officiers qui commandaient ces paysans : aussi fut-il reçu avec enthousiasme; bien plus, le premier grade lui fut décerné sur-le-champ, d'une voix unanime, et ses refus échouèrent contre la volonté de tous.

— Mes amis, leur dit de Pressy, puisque vous m'ordonnez de vous commander, je vous commanderai; mais, à mon tour, maintenant, je vous ordonne de me conduire; car votre pays m'est inconnu, et je n'ai pas le temps d'en étudier la carte militaire.

Les paysans s'écrièrent qu'ils pouvaient tous servir de guides au besoin; mais que, pour le moment, les guides étaient inutiles, parce qu'il s'agissait de traverser un poste de soldats républicains, pour rejoindre le gros de l'armée vendéenne, dont on était séparé par le bois de Valbouis.

— A quelle distance sommes-nous des bleus? — demanda de Pressy.

— A une lieue tout au plus — répondit un paysan à cheveux gris, dont l'autorité paraissait grande.

— Et qu'attendiez-vous ici pour attaquer? poursuivit le comte.

Nous exercions aux armes quelques jeunes recrues,

et la première leçon donnée; nous allions partir, répondit le paysan.

— Que savent faire tous ces braves gens? demanda le comte.

— Ils savent mourir.

— Cela ne suffit pas.

— Ils savent vaincre.

— Cela suffit... mes amis, ce soir vous aurez tous de bons fusils, et demain nous rejoindrons l'armée, s'il plaît à Dieu.

Le comte de Pressy se retira un instant du milieu de la troupe, écrivit un billet à sa femme, et le confia sur-le-champ à un jeune paysan de douze à treize ans qu'il enlevait ainsi, par un honorable prétexte, aux dangers de l'expédition.

L'enfant murmura en recevant cet ordre, mais le vieux paysan lui montra le ciel en lui disant : — Tous les ordres nous viennent de là-haut, en passant par la bouche de nos chefs. Obéis !

L'enfant s'inclina, prit la lettre et partit.

Toutes les dispositions prises, le comte passa en revue son bataillon, et tendit la main à d'Elbois qui, armé d'un pieu ferré, avait pris le dernier rang parmi les Vendéens. — D'Elbois, lui dit le comte, on ne vous reprochera pas d'avoir abusé de ma protection et de mon amitié pour avoir de l'avancement dans l'armée vendéenne. J'espère qu'il y a de l'égalité aussi parmi nous.

Puis s'adressant à tous, le comte leur dit :

Mes enfants, songez bien que vous n'êtes qu'un seul ; que vous n'avez tous qu'une seule pensée, une âme, qu'un seul but. Voilà ce qui fait votre force ; l'union indissoluble triomphe de tout. On ne brise pas un faisceau que Dieu a lié de ses mains.

Les paysans agitèrent leurs chapeaux dans l'air ; mais aucun cri ne fut poussé, de peur que l'écho de ces solitudes ne trahit la marche du bataillon vendéen.

— En avant ! dit le comte en élevant la pointe de son épée vers le ciel.

— Et s'approchant de d'Elbois, il lui dit à l'oreille :

— A pareil jour, il y a vingt ans, nous applaudissions Figaro.

Marchons à l'expiation ! dit d'Elbois.

Le comte se mit à la tête du bataillon, et prenant le vieux paysan sous le bras, il lui dit :

— Montrez-nous le chemin le plus court, parce qu'il me tarde de voir des *bleus*.

— Monsieur le comte, dit le paysan, je vous promets de vous en faire voir dans une heure. — C'est bien long ! dit de Pressy.

La nature, qui ne s'associe jamais aux choses humaines et qui veut bien rester charmante lorsque l'humanité ne l'est pas, répandait à flots toutes ses grâces primitives sur le paysage que la guerre allait couvrir de sang. Il y avait des chants d'oiseaux sur les feuilles, d'exquis parfums dans l'air, des murmures d'eaux vives sous les gazons, et partout de célestes invitations aux tendresses des sens et de l'âme : il semblait que ces deux vers du poëte étaient écrits sur l'écorce de tous les arbres :

> Au temple du Dieu tonnant,
> Vénus soupire encore

Mais les hommes sont toujours semblables aux idoles d'Egypte ; ils ne se servent de leurs oreilles que pour ne pas entendre ; ils écrivent, comme les Romains, le nom de CONCORDE sur le fronton d'un temple, ou, comme nous, sur l'angle d'une place, afin de mieux l'oublier partout ailleurs.

Le bataillon vendéen s'avançait en silence vers l'horizon ennemi ; les arbres touffus voilaient sa marche ; le velours des gazons amortissait ses pas.

Le vieux paysan vendéen, qui connaissait le terrain, dit à de Pressy :

— M. le comte, nous allons sortir du bois; vous allez voir une lande étroite couverte de bruyères, et de l'autre côté un ruisseau qui devient un fleuve dans la saison des pluies, et va grossir la Loire.

Dans cette saison, nous pouvons le traverser en mouillant nos jambes jusqu'aux genoux. Ce ruisseau baigne la lisière d'un petit bois où sont retranchés les républicains, dans le but de couper la ligne des communications, et d'interdire aux Vendéens qui sont de ce côté le passage le plus court et le plus facile pour arriver au centre du *Bocage*, c'est-à-dire au foyer de l'insurrection.

— Mais, voyons? — dit de Pressy en se penchant vers l'oreille de son guide — voyons! continuez à m'instruire. Est-ce qu'il n'y aurait pas en *amont* ou en *aval* de ce ruisseau un autre passage libre? et sommes-nous obligés à traverser ce bois qui est gardé par les bleus?

— Avant votre arrivée, monsieur le comte, cette attaque avait été ainsi décidée; mais ce ne serait pourtant pas une raison d'être fidèles à ce plan, si nous en trouvions un meilleur, ce qui ne peut nous arriver, je crois. D'abord, en *amont* et en *aval*, les routes sont impraticables, et encore quand je dis routes, c'est pour me servir d'un mot qui fasse comprendre ma pensée, car il n'y a pas même de route. C'est une succession continuelle de fondrières, de terrains accidentés couverts d'une végétation impénétrable, de flaques d'eau et de marécages profonds. Il faudrait perdre vingt jours à nous débrouiller au milieu de tout cela, et vingt jours, c'est la vie. Ensuite, voici une raison meilleure : puisque nous nous sommes révoltés pour nous battre, pourquoi ne pas nous battre tout de suite, puisque l'occasion vient à nous, aux portes de nos chaumières? C'est, d'ailleurs, la plus belle de toutes les occasions que le bon Dieu nous offre pour nous donner des armes qui manquent à la moitié d'entre nous, et au moins, lorsque nous nous présenterons à l'armée vendéenne, nous ne serons plus des recrues, mais de vieux soldats passés à l'épreuve du feu et convenablement équipés.

— Très bien ! dit le comte de Pressy ; voilà certes la meilleure de toutes les raisons, et je ne veux pas en connaître d'autres. Il est inutile de vous dire, mon cher camarade, que je ne faisais toutes ces observations que dans l'intérêt de tous ; car, pour moi, je n'ai aucune raison personnelle qui m'oblige à observer la moindre règle de prudence. Jamais homme ne courut au péril et à la mort plus joyeusement que moi aujourd'hui.

— Vous désespérez donc de notre cause ? — dit le le vieux Vandéen en regardant la figure du comte de Pressy, couverte d'un voile de tristesse : — vous venez de dire cela d'un ton...

— Oh! mon cher camarade, — dit le comte en souriant, mes douleurs personnelles n'ont rien de commun avec nos tristes affaires politiques ; ainsi ne tirez aucun fâcheux augure pour votre cause, ni de mes paroles, ni de l'accent avec lequel je les prononce ; au contraire, je crois notre cause très-bonne, très-belle et très-forte. La Vendée sera le tombeau de ses ennemis, et le piédestal de ses défenseurs.

Ces mots étaient dits lorsque le soleil vint à luire dans les éclaircies des derniers arbres, et que l'étroite campagne nue se déroula devant le bataillon vendéen.

Le comte prit le premier le pas de course, et en peu d'instants on arriva au ruisseau qui fut traversé en quelques élans. Aucune sentinelle républicaine n'avait encore donné l'alarme, ce qui pouvait faire croire que le petit bois n'était pas gardé, contrairement à tout ce que l'on avait prévu.

Il est vrai de dire que les nouveaux régiments républicains arrivée dans cette zone de la Vendée traitaient
assez dédaigneusement une guerre soutenue par de pau-
vres laboureurs, et que les chefs auraient cru faire trop
d'honneur à de simples paysans, s'ils eussent pris contre eux ces mesures stratégiques de précaution, toujours
en usage dans une campagne, contre des ennemis sérieux.

Le comte de Pressy ayant franchi le premier le ruisseau, s'arrêta et fit ranger ses hommes en ordre de ba-
taillé, pour mieux régulariser son mouvement après une
marche si brûlante.

— Etiez-vous bien informé ? demanda-t-il à son guide.

— Oh ! parfaitement informé, monsieur le comte,

— Ceux qui vous ont fait le rapport étaient des hommes sur lesquels vous pouvez compter ?

— Comme sur moi monsieur le comte.

— Au reste — dit le comte en agitant son épée —
en avant ! toujours ! et si nous ne rencontrons personne,
tant mieux ! tant mieux pour vous mes amis !

Le comte entra dans le bois avec l'intrépidité du
chasseur qui va forcer un *ragot* dans sa *bauge*, et tout
le bataillon le suivit avec cette ardeur qu'un chef impé-
tueux donne toujours à ses soldats.

La moitié du bois était déjà parcourue, lorsqu'un cri
et un coup de feu retentirent à la fois.

Au même instant, plus de deux mille soldats républicains, endormis comme des Carthaginois à Capoue,
sur des lits de gazon, se levèrent, se formèrent d'eux-
mêmes, sans ordre, en pelotons serrés, et exécutèrent
des feux sur toute la ligne avec une effrayante précision.

Les paysans vendéens ripostèrent, et de Pressy
leur cria : Ne chargez plus, en avant ! mes amis ! passons !

De Pressy comptait sur la vigueur et l'agilité de ces
hommes, dont la torse était de bronze et les jambes

d'acier flexible. En pareille occasion, agir selon les vieilles lois de la guerre, et faire un échange perpétuel de coups de fusil, c'était s'exposer à une défaite inévitable, devant des soldats exercés aux manœuvres sur la Sambre et sur le Rhin. Il fallait donc un effort décisif et désespéré ; une lutte d'hommes, corps à corps, un engagement énergique, où, selon le mot de *Quinte-Curce*, le pied du combattant s'attache au pied de l'ennemi.

Le comte se précipita sur le centre de la ligne pour l'enfoncer et ouvrir un passage aux Vendéens ; il était suivi des plus braves et des plus vigoureux ; il les avait choisis pour ce coup de main ; tous soldats d'hier, vétérans aujourd'hui ; hommes de foi, regardant la mort comme un martyre, et le ciel comme la dernière halte du soldat. La ligne républicaine replia ses deux ailes vers le centre pour soutenir ce choc de géants ; les Vendéens se précipitaient à terre, pour éviter la fusillade, se relevaient dans les tourbillons de fumée, et se renversaient comme des blocs de granit renversent les passants du vallon.

Le comte de Pressy, entouré de soldats, écartait les baïonnettes d'une main, et de l'autre, il se servait de son épée, comme dans un long duel, où un adversaire vivant remplaçait toujours l'adversaire mort. Le bataillon vendéen obtint, dans cette rencontre, la seule victoire qu'il pouvait espérer ; il perça la ligne comme une meute de lions, conquit des armes et rebondit avec une agilité merveilleuse sur l'autre lisière du bois. Le comte de Pressy, d'Elbois et une centaine de paysans, firent une diversion héroïque, en concentrant, sur un seul point, tout l'intérêt du combat ; mais une lutte aussi inégale devait être mortelle pour les héros qui la soutenaient. Le malheur de cette guerre vendéenne était que la bravoure rayonnait des deux parts avec un éclat pareil. L'intrépidité rencontrait toujours face à face l'intrépidité. Après une bataille, il n'y avait que des âmes qui avaient fui, les corps restaient sur le terrain!

Le comte de Pressy, engagé dans un défilé de soldats comme un impasse de granit, tomba percé de plusieurs coups de baïonnettes, et donna le dernier de ses sourires au bataillon vendéen qui s'élançait de la lisière du bois vers la terre promise.

— Tout va bien! dit-il, mon plan a réussi. Il est impossible d'être plus heureux!

Et son épée glorieuse s'échappa de ses mains.

Un millier de soldats républicains se mirent à la suite des paysans; mais ceux-ci étaient sur un terrain connu et ne craignaient plus rien: ils ne craignaient pas même ces longues fusillades qui font tant de bruit et si peu de mal, car ils ne daignèrent pas s'arrêter pour répondre: leur ligne de conduite était d'ailleurs toute tracée par le comte de Pressy. Des frères les attendaient; il ne s'agissait plus de se battre; il fallait rejoindre le camp vendéen.

Le comte de Pressy, étendu sur l'herbe et baigné de sang, recevait tous les secours que son état demandait. Les soldats républicains entouraient cette noble victime et lui prodiguaient ses soins avec une sollicitude touchante; les officiers exaltaient son courage, son adresse, son merveilleux sangfroid, et lui tendaient la main comme pour donner un dernier adieu à un frère expirant. Tous les yeux se voilaient de larmes françaises devant cet homme jeune, dont le visage avait une douceur si fière, et dont la main aristocratique serrait si bien une épée dans une mêlée de duels. Voilà les guerres civiles! acharnement lugubre dans la bataille; fraternelle commisération après. Pourquoi ces horribles guerres ne commencent-elles pas par la fin? On devrait bien, pourtant, les connaître depuis qu'on en livre. Si Abel eût survécu à ses blessures, Caïn l'aurait embrassé le lendemain.

» Le comte de Pressy fit un effort suprême pour désigner de la main un officier, et quand celui-ci se fut approché de très près pour l'entendre, le comte lui dit d'une voix faible, qui contrastait avec l'immuable sérénité du regard :

— Dieu m'accorde une grande faveur aujourd'hui... Il me donne le temps de vivre encore assez pour penser à lui d'abord, et ensuite à ceux qui m'intéressent, et que je vais laisser sur une terre où ils ne trouveront pas le bonheur... Car tout ce que les hommes font en ce moment est fort triste... Convenez-en, monsieur !

— Nous faisons notre devoir, — dit le jeune militaire d'un ton ferme mais très-respectueux. — Nous aimerions bien mieux être sous les Alpes ou sur le Rhin... Mais...

— Oh! je sais cela, — dit le comte en pressant la main de son interlocuteur, — vous ne m'apprenez rien de nouveau... Oh! jeune homme, si vous saviez de quel œil ironique on regarde les affaires de ce triste monde, quand on a un pied dans le sépulcre!... Vraiment, je crois que la vie ne nous est révélée qu'au moment où nous allons la quitter!... Ecoutez-moi, monsieur... et veuillez bien m'affirmer que la dernière prière que je fais sera exaucée...

— Je vous l'affirme, monsieur, — dit le jeune homme en serrant la main du comte.

— Nous l'affirmons tous! — dirent aussi les soldats de Sambre-et-Meuse qui entouraient le comte expirant.

— Je vous remercie, mes amis — dit le comte en s'efforçant de soulever sa tête pour remercier du regard ceux qui lui parlaient — je vous remercie... Eh bien! voici... de l'autre côté de ce bois, le bois de Valbouis... il y a un petit village de ce nom... c'est là qu'on peut demander le chemin qui conduit au château

du comte de Pressy... Je suis le comte de Pressy... ce
nom d'aristocrate ne vous irrite pas trop, n'est-ce pas ?

Les soldats secouèrent la tête et montrèrent au comte
des visages empreints de compassion.

— Oh! je sais poursuivit le comte, je sais que l'armée est toute remplie de nobles cœurs... même l'armée
qui vient se battre ici... Celui qui se chargera du triste
devoir qu'un mourant lui confie se présentera au château... qui m'appartient... et annoncera à ma femme...
que le lendemain...

Le comte se raidit dans un dernier effort pour saisir
quelques minutes encore de vie ; mais sa tête et sa main
droite retombèrent lourdement sur le lit de gazon ; ses
yeux se rouvrirent et ne laissèrent plus voir qu'un
émail livide. Le noble comte expirait au milieu d'un
cercle d'amis.

Les soldats républicains, qui venaient d'être les témoins de la bravoure héroïque du comte de Pressy,
jetèrent un manteau sur son corps et décidèrent de l'ensevelir sur le lieu même où il était tombé avec tant de
courage, et en lui rendant les honneurs militaires comme
à un soldat de leur drapeau.

Le dernier vœu du comte de Pressy fut exaucé le
lendemain même, dans le château où nous retrouve-
rons la comtesse Marguerite en robe de deuil.

XXVII.

DEUX FOIS VEUVE.

Le marquis d'Holbein avait joui d'une certaine réputation de galanterie, dans les premières années du règne de Louis XVI.

En 93, c'était un homme de 55 ans, d'une taille haute et d'un maintien majestueux, qualités physiques toujours humiliantes pour ceux qui en sont les voisins ; son œil avait une douceur molle qui annonçait l'absence des idées ; son teint, d'une fraîcheur enfantine, était l'emblème d'une âme qu'aucune sérieuse passion n'avait tourmentée autrefois. De très-bonne heure, le marquis d'Holbein, surnommé le beau d'Holbein par quelques douairières de province, avait contracté l'habitude de regarder le parquet ou le plafond, pour laisser toute liberté aux regards qui voulaient l'admirer dans le monde, et détailler les charmes de sa personne et l'élégance de ses habits.

A l'heure convenable des visites, M. d'Holbein, voisin du château de Pressy, ne manquait jamais de venir présenter ses hommages à la belle veuve, la comtesse Marguerite ; il s'était persuadé de la meilleure foi du monde que sa présence et sa conversation était un soulagement apporté aux ennuis et aux douleurs de madame de Pressy, et il sacrifiait ainsi, par humanité de bon voisin, de longues heures qu'il aurait pu passer à la chasse ou à la promenade dans ses bois ou dans son parc.

Souvent madame de Pressy, qui ne soupçonnait point le dévouement de son noble voisin, et qui même commençait à trouver ses visites onéreuses, imaginait le premier prétexte venu pour se dispenser de descendre au salon. Quand le domestique, avec l'assurance de son métier, venait présenter au marquis les regrets et les excuses de madame la comtesse, le marquis regardait le plafond, demandait une plume et une feuille de papier, et écrivait une variation de ce billet délicat:

« Le marquis d'Holbein présente ses devoirs à ma-
» dame la comtesse; il honore et respecte des douleurs
» légitimes qu'il serait si heureux d'adoucir, et viendra
» s'assurer demain si un jour de plus a fait couler une
» larme de moins. »

Ce billet ou son équivalent étant écrit, il le ployait en quatre avec une lenteur majestueuse, et le remettait au domestique, toujours en regardant le plafond.

Ce domestique avait reçu ordre de madame de Pressy de ne jamais rendre le billet à son adresse, et le marquis s'éloignait en formant des conjectures ingénieuses sur l'effet que ses adroites phrases devaient produire dans le cœur d'une jeune veuve isolée au milieu d'un bois.

Une femme qui sait vivre a le courage aussi de braver quelques mortelles heures d'ennui, lorsqu'elle voit que sa tactique d'exclusion n'est pas comprise par certains hommes. Or, après deux jours de congé, la comtesse Marguerite se croyait encore obligée de recevoir le beau voisin, lequel cette fois voulait réparer deux jours perdus, en redoublant les accès de cette amabilité lourde qui est l'épouvantail et le fléau d'un salon.

Après une absence forcée de deux jours, le marquis d'Holbein ne manquait pas de se faire ce raisonnement, après avoir ouvert la petite grille de son parc, contiguë au parc de la comtesse. — Madame de Pressy est dans le huitième mois de son veuvage; c'est beaucoup! Cette femme mène la conduite la plus régulière; elle ne reçoit personne depuis la mort de son mari, personne, excepté moi. C'est beaucoup ! La chose est assez significative. Madame de Pressy lutte, cela se conçoit. On devine même qu'elle prend quelquefois des résolutions fortes pour éviter un tête-à-tête avec moi ; mais toutes ces belles résolutions s'évanouissent le troisième jour... C'est beaucoup ! Au fait cette aventure de campagne ne manque pas de charmes... Je suis avec Mme de Pressy d'une discrétion parfaite, d'une réserve exquise dont elle me sait, sans doute, un gré infini, et quand le jour de l'épanchement viendra, j'entendrai sortir de sa belle bouche des paroles de reconnaissance qui me flatteront au plus haut point. Que d'art et d'habitude il faut à un homme dans une avanture aussi délicate ! Cent autres, à ma place, auraient tout brusqué ; je connais les hommes !... Et moi, avec tant de chance de réussite, que fais-je ? Rien... absolument rien ! J'attends ! C'est beaucoup !

Le marquis d'Holbein montait donc, ce jour-là, pompeusement les marches du perron, et s'arrêta au vestibule, pour faire le semblant de regarder de vieilles cartes de géographie qui en tapissaient les murs. Personne ne paraissait.

— Point de domestiques, — dit-il, comme dans un monologue qui provoquait un dialogue, — point de domestiques pour annoncer le marquis d'Holbein?

L'écho du vestibule répondit avec des murmures sourds.

A droite, la porte du salon était toute large ouverte comme pour inviter l'indiscrétion même à entrer.

D'Holbein frappa un léger coup, agita les talons de ses souliers, respira fortement, hasarda un regard en allongeant la tête, et voyant le salon désert, il entra.

— Mais que sont devenus les domestiques de Mme de Pressy ? — murmura-t-il à demi-voix, pour dire quelque chose.

Il toucha les meubles, les livres, les tableaux, les fleurs, pour se donner une contenance devant lui-même, entre deux miroirs qui se renvoyaient à l'infini sa haute taille et son visage de vieux chérubin.

Après une heure d'attente, un bruit de pas se fit entendre dans le vestibule : le marquis d'Holbein donna un dernier regard aux derniers miroirs, et la comtesse de Pressy parut.

Certainement la jeune veuve n'avait aucune intention de coquetterie dans cette retraite d'isolement absolu, où elle ensevelissait tant de charmes, et pourtant, ô mystère du cœur féminin ! elle s'était habillée, pour sa satisfaction personnelle sans doute, avec une élégance qui, sans blesser les lois somptuaires du veuvage, aurait pu, aux yeux de la malveillance, faire soupçonner de profanes intentions.

Ses beaux cheveux noirs avaient emprunté leurs charmantes fantaisies de coiffure aux portraits de femmes de la cour de Louis XIII ; l'échancrure de la robe noire de veuve montrait peut-être un peu trop de luxe dans la nudité des épaules, mais ce défaut ravissant de toilette trouvait une excuse très-acceptable dans l'ardente chaleur de la saison.

On aurait cru voir Julie de Vergennes entrant dans le salon d'Amphytrite de l'hôtel Lambouillet. Seulement, le salon de l'hôtel du château de Pressy ne possédait pas, à cette heure, le beau monde du siècle de Louis XIII ; il était même beaucoup plus désert, puisque l'ennui le remplissait dans la personne du marquis d'Holbein.

En voyant le marquis, Mme de Pressy fit un de ces mouvements qui sont compris par les humbles, mais que l'œil de la fatuité n'a jamais devinés.

Ce mouvement et ce geste signifiaient avec clarté :

— Ah ! mon Dieu ! voilà encore cet éternel marquis d'Holbein !

- Le marquis s'inclina, et prenant la main de la comtesse, il l'effleura, des ses lèvres respectueuses et arides.

— J'espère, madame — dit-il avec pompe — que votre légère indisposition n'aura pas de suite...

— Je n'ai pas été indisposée, Monsieur — dit la comtesse; en désignant avec une nonchalance significative un fauteuil au visiteur, je ne suis pas descendue au salon ces jours-ci; j'avais des papiers de famille à mettre en ordre, et tout mon temps a été absorbé.

— On vous a remis, Madame, mon billet d'hier, et mon billet d'avant-hier ?

— Oui, Monsieur.

— Je les ai écrits à la hâte, là, sur votre pupitre... ils sont toujours l'expression de mes sentiments sincères... Vous savez, madame, tout l'intérêt que je porte à...

Marquis d'Holbein, — interrompit la comtesse en arrachant une fleur d'un vase de Jupon — comment se fait-il que, vous qui êtes encore jeune et vert, vous vous résigniez à garder votre château, lorsque tous les gentilshommes sont en Vendée sous le drapeau royal ?

D'Holbein ne s'attendait pas à cette brusque interpellation; il recula involontairement dans les profondeurs veloutées de son fauteuil, et murmura d'abord, entre ses lèvres rebelles, quelques syllabes qui ne purent jamais composer des mots; puis, à l'aide d'une prise de tabac dont les grains furent longtemps secoués sur un jabot de dentelles, il parvint à répondre ceci :

— Oui, madame... oui... j'ai souvent... très-souvent pensé à cela... et je me suis dis... en effet, il y a un devoir sacré... il y a un devoir d'honneur à remplir là-bas... Mais si vous voulez, Madame, que je vous parle franchement...

— Oui, parlez franchement, dit la comtesse en respirant le parfum de la fleur; pour dérober un sourire ironique.

— Eh bien! Madame, répondit brusquement d'Holbein, sans trop savoir ce qu'il allait dire — j'ai fait là-dessus de graves réflexions... de très-graves réflexions... Entre nous, royalistes, nous pouvons nous dire tout bas qu'une malheureuse division a éclaté parmi quelques chefs vendéens ; les paysans paraissent peu disposés à obéir à la noblesse ; ils aiment mieux des chefs sortis de leurs rangs et de leurs campagnes... Voilà une sérieuse considération... A quoi bon, me suis-je dit, aller en Vendée pour être le témoin de toutes ces petites jalousies ?... qui, s'il plaît à Dieu, n'existeront bientôt plus... car chacun finira par comprendre, chefs et soldats, que le bien de tous est dans l'union de tous... Quand cette heure de conciliation sera venue... oh! alors, Madame... je sais tout ce que j'ai à faire pour l'honneur de ma famille et de mon nom.

En prononçant ces derniers mots, d'Holbein se leva et prit une pose d'Ajax, en regardant le plafond.

— Ah! — dit la comtesse avec une expression de ton et de regard dont le véritable caractère échappa au marquis — ah! monsieur d'Holbein ? voilà donc le motif qui prive la Vendée d'un brave défenseur!

D'Holbein regarda fixement la comtesse, et crut trouver une idée profonde et lumineuse.

— Madame — dit-il avec émotion — je vous avais promis de vous parler franchement, et j'ai violé ma promesse...

— C'est bien! Monsieur — dit la comtesse en souriant, une autre fois je saurai quel nom donner à votre franchise...

— Permettez, Madame, poursuivit le marquis en s'inclinant d'un air très-humble, permettez, Madame... Au moment où j'allais parler avec la franchise dont vous êtes si digne, le courage m'a manqué au cœur...

— Rassurez-vous, rassurez-vous, monsieur d'Holbein...

— Madame, puisque votre bonté divine m'encourage, je serai tout à fait sincère... Oui, Madame..., j'ai vu vos douleurs, vos ennuis, votre isolement... et je me suis dévoué au sacrifice même de mon honneur de royaliste, pour laisser auprès de vous une voix amie, une voix consolante; pour donner quelque animation à cette solitude que la guerre vous a faite; enfin, disons tout, pour mettre au service de votre isolement la société d'un homme qui a vu la cour et les salons, qui a été honoré de l'estime des femmes les plus distinguées, et qui, dans ce siècle où tout se perd, a conservé les traditions de bon goût et de vie élégante, qui sont le charme de toutes les époques et de toutes les saisons.

Après cet aveu, M. d'Holbein déploya un madras et essuya les gouttes que distillait son front écarlate.

— Vraiment, M. d'Holbein — dit la comtesse en le saluant par un geste gracieusement arrondi — je ne m'attendais point à cette révélation. Voilà un sacrifice et un dévouement qui honorent votre galanterie et me touchent, croyez-le bien.

— Ces paroles — dit le marquis ému — ces douces paroles sont déjà pour moi une récompense.

— Ainsi, M. d'Holbein, poursuivit la comtesse de Pressy, en supposant que les jalousies qui existent, dit-on, parmi quelques chefs vendéens, viennent à se dissiper, vous persisteriez encore dans ce dévouement que vous me témoignez si bien!

— Oui, Madame — dit d'Holbein en frappant son genou avec son poing.

— Vous n'iriez pas en Vendée?

— Non, Madame.

— Vous ne continueriez ce sacrifice de votre honneur, chaque jour, comme vous le faites depuis si longtemps?

— Jusqu'à ma mort, Madame; faites en l'épreuve, et vous verrez.

— Ainsi, Monsieur, je dois m'attendre à trouver en vous ma seule société de salon ?

— La seule... Eh ! Madame ! où trouverais-je, moi, un salon plus charmant que celui où vous manifestez votre grâce et votre beauté ?... Et, vous, Madame, permettez-moi de le dire, où trouveriez-vous un cœur plus dévoué, plus aimant, surtout à cette horrible époque, où règnent partout l'égoïsme et la haine ? En tous les temps un ami fut rare ; aujourd'hui, on ne le rencontre même plus.

— Au moins, dit la comtesse, me voilà maintenant fixés sur mon avenir.

— Oh ! oui, fixée, Madame.

— Votre franchise m'a mise à mon aise, marquis d'Holbein.

— Depuis plus de deux mois, Madame — dit d'Holbein avec feu — oui, depuis plus de deux mois j'ai cet aveu sur le bord de mes lèvres, et toujours un scrupule enfantin l'a retenu.

— Marquis d'Holbein — dit la comtesse en se levant — je ne comptais pas vous trouver ici ; on m'attend là-haut pour terminer le classement de quelques paperasses judiciaires, et je vous quitte en vous remerciant de votre franchise et de votre explication dont je ferai mon profit.

Le marquis allait reprendre, en portant, la main de la comtesse pour une nouvelle impression de lèvres, mais cette main fit une évolution rapide et salua le visiteur.

D'Holbein descendit triomphalement les marches du perron, et son pas était si léger qu'il courbait à peine les hautes herbes dans les allées du parc.

Rentré chez lui, il ouvrit le premier volume de la *Nouvelle Héloïse*, et en empruntant la moitié d'une phrase à chaque lettre de Saint-Preux, il composa de tous les

éléments épars une longue et belle épitre qu'il devait
remettre le lendemain à la comtesse de Pressy.

Ce coup sera décisif! dit d'Holbein en relisant sa
lettre de Jean-Jacques-Rousseau.

Avec quelle impatience il attendit l'heure fortunée
qu'il avait demandée aux *puissances du ciel!* Enfin, elle
sonna!

Les vertes arcades des arbres n'étaient pas assez
hautes pour donner passage au marques d'Holbein,
lorsqu'il se dirigea vers le château de la comtesse, en
redisant la phrase de l'*Héloïse*, qu'il avait rendue presque méconnaissable par une adroite substitution de
mots : *Puissants des cieux, vous m'aviez donné une âme
pour l'infortune, donnez-m'en une pour le bonheur !*

Il monta les marches du perron avec plus de solennité que de coutume, et fut légèrement surpris en trou-
vant la porte fermée.

Je comprends cette précaution — dit-il après avoir
réfléchi.

Il sonna une fois, puis deux fois... La cloche réveil-
lait tous les échos du vestibule, et aucun autre bruit
intérieur ne se faisait entendre.

La porte du verger s'ouvrit, et un jardinier parut.

D'Holbein regarda fièrement cet homme, et sans dai-
gner ouvrir la bouche, il lui montra la chaîne de la sonnette, toute convulsive encore des violentes pressions
de sa main.

Le jardinier fit un signe de tête que le marquis ne
voulut pas comprendre.

— Madame la comtesse est-elle sortie? demanda
d'Holbein.

— Non, Monsieur, répondit le jardinier.

— Et pourquoi n'ouvre-t-on pas?

— C'est que Mme la comtesse est partie ce matin,
Monsieur.

— Partie pour?...

— Pour Paris, en chaise de poste.

— C'est impossible !

— Eh bien ! Monsieur, dit le jardinier, si c'est impossible, attendez-la sur ce perron ; elle reviendra l'été prochain.

Et le jardinier salua et disparut.

Le marquis d'Holbein examina la façade du château ; toutes les fenêtres étaient fermées. Il descendit le perron, passa devant les écuries, devant le pressoir, devant la laiterie, devant le chenil, tout était clos, silencieux, abandonné. Il résolut d'attendre la nuit sous les premiers arbres, devant le château. Personne ne parut... Impossible de douter du départ. Le marquis tenait toujours à la main sa lettre, et, la frappant du bout de ses doigts, il dit :

— Je comprends ! cette femme s'est vue perdue, et elle a fui !... mais elle reviendra !

Il serra précieusement la lettre dans un vaste portefeuille, et ouvrit la grille de son parc, toujours très-enchanté de lui-même, mais un peu contrarié pourtant de se voir si redouté par la comtesse de Pressy.

XXVIII.

LA VEUVE ET LE VOLCAN.

On jouait au théâtre de la République la *Veuve de Malabar*, tragédie, et le *Volcan*, fantaisie de Silvain-Maréchal. Il y avait foule au parterre et aux loges. Les uns étaient venus pour assister à l'innocente exhibition d'une femme qui se brûle en alexandrins sur le bûcher de son mari ; les autres pour applaudir un volcan qui brûle toutes les couronnes royales dans une île déserte.

Entre les deux pièces, un homme de haute stature se pencha sur le bord de sa loge, et regarda quelque temps avec une singulière curiosité deux femmes qui semblaient vouloir assister incognito à la représentation.

Ce spectateur rentra ensuite dans le cadre de sa loge et s'assit, en donnant des marques d'une émotion qui n'échappa point à son jeune voisin.

Il est inutile de nommer et de dépeindre les deux personnages, qu'on va reconnaître bientôt.

— Mon cher oncle — dit le jeune homme avec un ton railleur — toutes les fois que vous regardez une femme de cette façon-là, je m'attends à être enlevé le lendemain par des esprits invisibles, et transporté dans quelque maison de garde chasse, au milieu d'un bois.

— Je crois que je me suis trompé — dit l'autre, du ton d'un homme qui croit avoir bien vu.

— Eh bien ! moi, mon oncle, je suis plus heureux que vous, je ne me suis pas trompé. C'est elle.

— Qui ? — demanda l'oncle, de l'air d'un faux ignorant.

— Qui ?... je vais vous le dire. La femme qui vous

a fait destituer par le comité de salut public, et qui vous a mis à deux doigts du tombeau, avec un coup d'épée du comte de Pressy.

— C'est une femme qui m'a fait destituer ! — interrompit l'oncle, d'un air faussement étonné.

— Je ne dis pas que son crédit vous ait fait perdre votre haute position à Versailles ; mais les dénonciations de vos ennemis ont révélé toutes vos équipées amoureuses à Robespierre, et il vous a destitué, quoique votre ami. Au reste, il a eu raison. Au temps où nous sommes, il est impossible de cumuler les fonctions de grave magistrat et de coureur d'aventures.

Eh bien ! mon cher Adrien, — dit l'oncle en souriant — si cela est ainsi, ma destitution me rend ma liberté. Je n'ai plus de compte à rendre à personne.

— Excepté à moi, mon cher oncle.

— A toi ? Tu crois donc que je veux être toute ma vie sous la tutelle de mon neveu ?

— Quant à moi, mon bon oncle, je suis décidé à ne pas changer de rôle.

— Tu seras toujours mon tuteur.

— Toujours. Je vous l'ai dit cent fois. Je tiens auprès de vous la place de votre frère ; ce n'est pas votre honneur que je garde, c'est l'honneur de mon père, c'est le mien.

— Mais quelle rage as-tu, Adrien, de vouloir trancher du Caton, à ton âge !

— D'abord, mon oncle, je ne sais pas l'âge que Caton avait lorsqu'il commença son métier de censeur ; ensuite, je crois que les jeunes hommes de notre temps doivent être sages, lorsque les hommes jeunes ne le sont plus.

— Adrien, je ne te conduirai plus au théâtre.

— Et moi, je vous y conduirai toujours.

— Taisons-nous, Adrien ; on va jouer la pièce de Sylvain-Maréchal.

Au même moment, dans une autre loge, deux femmes s'entretenaient aussi, dans l'entr'acte, et paraissaient fort émues. La plus jeune et la plus belle des deux disait : — Angélique, lorsque mes yeux n'avaient pas été affaiblis par tant de larmes versées, je reconnaissais au théâtre une figure dans le plus grand éloignement... Vous, Angélique, qui avez moins pleuré que moi, reconnaissez-vous cet homme qui nous regarde dans la loge vis-à-vis?

— Il me semble, madame la comtesse...

— Oh! perdez cette habitude en public, — interrompit la jeune femme avec vivacité; — plus de comtesse, je vous prie.

— Il me semble, madame — dit Angélique, en fixant le point désigné — il me semble, en effet, que je reconnais cet homme!... et je crois le reconnaître plutôt à ses mouvements, à son allure, à sa taille, qu'à son visage, que je ne distingue pas très-bien...; car le théâtre est fort obscur.

— Et quel nom donneriez-vous à cet homme, Angélique?

— C'est, je crois... oh! mon Dieu! je voudrais bien me tromper!... C'est, je crois, le citoyen Claude Mouriez.

— Angélique... au frisson que j'ai éprouvé, je n'en doute pas; c'est lui... et je crois même reconnaître à sa tournure le jeune homme, son voisin.

— Madame, dit Angélique, on s'expose à ces rencontres, lorsqu'on vient dans les lieux publics.

— Eh! mon Dieu! dit la comtesse avec un profond soupir, sais-je comment je dois vivre? Sais-je quel but je dois donner à ma triste existence? Je voulais m'ensevelir pour toujours dans mon château; et j'ai compris que cette solitude n'était pas bonne. Cet ennuyeux marquis d'Holbein, qui m'a chassée de chez moi, n'était, au reste, que le précurseur d'une foule d'autres Holbein qui seraient venus après lui. Les hommes ont la manie de s'acharner contre les femmes isolées, toujours sous le prétexte de leur donner leurs conseils et leur protection, et chacun d'eux aspire à être le seul protecteur. L'expérience du veuvage m'a depuis longtemps appris cela.

— C'est bien vrai, madame, remarqua Angélique.

— Ainsi, poursuivit la comtesse, ma position à la campagne n'était pas tenable. Il fallait donc me réfufugier à Paris. Cet immense Paris me semble plus désert qu'un château dans les bois. Il y a des moments surtout, comme celui-ci, où on ne peut habiter que Paris, parce qu'il est inhabitable. Au moins, on voit passer l'histoire sous ses fenêtres, et on n'est pas abusé chaque jour, comme en province, par les commérages des clubs villageois. A Paris, on mène une vie horrible, c'est vrai; mais, au moins, on sait avec exactitude comment on vit. On ne s'abuse pas, et on feuillette, jour par jour, la révolution, comme on lit un livre, page par page; avec cette différence que l'histoire que nous lisons nous trompe, et que l'histoire que nous voyons ne nous trompe pas.

— Oh ! madame, dit Angélique, je suis tout à fait de votre avis.

— Maintenant, ma bonne Angélique, il y a une fatalité qui déjoue tous les plans humains, et les miens surtout... Au moment où je m'applaudis d'une détermination, cette fatalité m'envoie ici, à ce théâtre, où je viens prendre une leçon de veuvage, l'homme formidable qui me ferait fuir aux extrémités du monde... car, ma bonne Angélique, si cet homme qui vient de se pencher sur le bord de cette loge est bien réellement Claude Mouricz, je ne serais pas à Paris demain.

— Vous m'aviez dit, madame, que vous ne vouliez pas voir la dernière pièce...

— Dieu m'en garde, ma bonne Angélique ! Je suis venue au théâtre, tu le sais, pour voir ce que pouvait dire et faire une veuve, dans une tragédie, puisqu'on dit que le théâtre donne d'utiles et morales leçons ; mais je n'ai rien appris à cette école ce soir.

— Il fallait vous y attendre, Madame.

— Je m'attends toujours à être trompée, mais ce soir, mon attente est plus que satisfaite... Quant à la pièce de M. Silvain Maréchal, je suis charmée de savoir que je ne la verrais pas.

— Alors, nous allons sortir, madame.

— Oui, Angélique, mais partir avec prudence, sans aucune précipitation... Laissez même votre mantelet sur le bord de la loge...

— Il sera perdu...

— Certainement, mais en perdant cette bagatelle, nous gagnons quelque chose. Si c'est bien le citoyen Claude Mouriez qui est là, vis-à-vis, il sera trompé par le mantelet, car je le connais ; il est homme à nous suivre, s'il croit que nous partons.

Claude Mouriez n'était pas aussi homme à croire à la ruse du mantelet d'Angélique : tout en causant avec son neveu Adrien, il suivait d'un œil expert tous les mouvements de madame de Pressy, et lorsqu'il la vit se lever, il dit nonchalamment à son neveu :

— Eh bien ! mon ami, tu finiras par faire un excellent neveu de ton oncle ; décidément, je veux suivre tes conseils... mais comme notre conversation m'a beaucoup ému, je vais un instant respirer l'air du soir, jusqu'à la fin de l'entr'acte. Attends-moi ici.

Le neveu commit en ce moment la faute qu'un oncle commet en pareil cas : il fut dupe d'une protestation, et serra la main de Claude Mouriez.

Celui-ci ouvrit avec lenteur la porte de sa loge, de l'air d'un homme qui n'est nullement pressé de sortir, et quand il se trouva dans le corridor, il allongea le pas vers l'escalier, mais en se faisant éclipser par toutes les personnes qui allaient et venaient, montaient et descendaient.

Malgré la simplicité républicaine de son costume, la comtesse ne pouvait pas dénaturer la grâce de sa taille et le charme élégant de sa tournure ; Claude Mouriez la distingua au milieu du monde qui descendait l'escalier avec elle. De temps en temps Angélique tournait la tête comme une sentinelle qui obéit à une consigne, mais Claude se dérobait tout de suite à ce regard inquisiteur, et la comtesse, toujours rassurée par Angélique, se persuada facilement qu'aucune poursuite dangereuse ne s'acharnait sur ses pas.

A cette époque, les rues de Paris étaient fort sombres, et de rares réverbères les rendaient plus noires encore : aussi des femmes sans escorte n'osaient s'y aventurer après neuf heures du soir, même dans la belle saison. Neuf heures sonnaient lorsque la comtesse et Angélique entrèrent dans la rue Sainte-Anne, où était leur modeste demeure. Quelques boutiques encore à demi-ouvertes laissaient échapper de pâles rayons de lampes qui venaient en aide aux réverbères, et trahissaient les passants égarés si tard au milieu de ces ténébreuses lueurs.

Angélique, fidèle toujours à sa consigne, tournait la tête presque à chaque pas, mais ce coup-d'œil rapide qu'elle lançait en arrière ne lui montrait que des formes vagues et vaporeuses qu'il était impossible de distinguer.

Parmi ces formes qui se glissaient dans la rue Sainte-Anne et cotoyaient les maisons, Claude Mouriez ne fut pas reconnu ; mais lui ne perdit jamais de vue les deux femmes, dont les robes blanches auraient été délatrices, même dans la plus obscure des nuits.

Les deux femmes s'arrêtèrent devant le n° 12 ; on entendit un coup de marteau ; la porte s'ouvrit, se referma presque au même instant.

Claude examina la maison avec un soin minutieux, pour la reconnaître le lendemain, car les ténèbres ne permettaient pas de voir le numéro.

Cela fait, il courut au théâtre, pour rejoindre son neveu Adrien.

Le *Volcan* de Sylvain-Maréchal était commencé, Adrien regarda sévèrement son oncle, il lui dit sévèrement :

— Il me semble que vous avez un peu trop longtemps respiré la fraîcheur du soir.

— J'ai rencontré Barrèle sous le péristyle, dit Mouriez en s'asseyant avec nonchalance, et nous avons causé sur la séance de la Convention d'aujourd'hui.

Adrien secoua la tête de cet air qui veut dire :

— Cette excuse m'a bien l'air d'une fable.

Le parterre cria silence ! à la loge, et Claude Mouriez aurait volontiers remercié le parterre de cette brusque sommation.

L'oncle et le neveu regardèrent jouer le *Volcan* avec cet intérêt qu'on accorde à toutes les pièces célèbres qu'on ne connaît pas. Sylvain-Maréchal a composé cette œuvre, inconnue aujourd'hui, sur une donnée assez curieuse. Elève de Voltaire, il a emprunté à *Candide* l'histoire de tous ces rois exilés qui viennent passer le carnaval à Venise : seulement, Sylvain-Maréchal va plus loin : il réunit tous les rois dans une île, ornée d'un volcan, et, à la dernière scène, le volcan éclate et dévore tous les rois. L'auteur du *Volcan* avait beaucoup d'esprit, et maniait bien le vers alexandrin ; mais cette œuvre incendiaire est d'une mortelle froideur et n'ajoute rien à sa réputation, malgré le succès que le cratère enflammé obtient au dénouement.

Quand le rideau tomba, Claude Mouriez frappa le bord de sa loge avec son poing, et dit en se levant :

— Voilà une pièce qui me remet au cœur tout ce que j'avais autrefois ! Adrien, je rougis vraiment de mon inaction, et je veux redevenir quelque chose !

— Mon oncle, dit Adrien, vous n'êtes pas né pour la politique ; vous l'avez reconnu vous-même dans vos bons moments. Vous auriez été un excellent républicain sous les fausses républiques de Rome et de Venise, mais dans la nôtre, croyez-moi, vous montrerez toujours le côté peu moral et trop sensuel de votre caractère. Le sage Caton, que vous citiez tout à l'heure, avait cent esclaves des deux sexes, et il les menait fort durement, disent les historiens ; ce qui n'empêchait pas Caton d'être un excellent républicain.

— Vraiment, mon cher neveu — dit Mouriez en donnant le bras à Adrien, en sortant du théâtre — tu me crois donc un homme bien efféminé ?

— Je vous crois ce que vous êtes, mon cher oncle...

— Tu me crois un homme sans énergie, sans courage, sans audace ?...

— Non, oh ! non ; vous êtes, au contraire, énergique, audacieux et brave, mais on ne fait pas un républicain avec ces trois qualités ; on fait un bon général de cavalerie. Un républicain doit être sobre, continent, modeste, pauvre, chaste ; il doit donner l'exemple de toutes les vertus civiques ; c'est au soldat ensuite de donner l'exemple de toutes les vertus militaires. Vous habitez une ville, et vous ne bivouaquez pas dans un camp.

— Eh bien ! mon cher Adrien, je ferai mon profit de toutes ces distinctions ingénieuses que tu as apprises en rhétorique ; je serai sobre comme Curius Dentatus, et continent comme Scipion...

— Mon oncle, vous serez toujours Claude Mouriez ; avec ces deux noms de désinence si bourgeoise, vous ne serez jamais Grec ou Romain.

— Nous verrons plus tard ce que je serai, dit Claude ;
ceci est mon affaire.

— Mais c'est la mienne aussi ! vous oubliez toujours
cela, mon oncle !

— Soit, c'est la tienne, puisque tu t'obstines à t'in-
carner dans ton oncle. Eh bien ! mon cher neveu, demain je vais rendre une visite à Robespierre, lui annoncer
que j'ai dépouillé le viel homme, et lui demander une place
dans l'administration.

— En province, mon oncle ?

— Oh ! cette fois, non, à Paris.

— Mon oncle — dit Adrien avec un regard sévère
— voilà une détermination qui m'annonce de nouvelles
équipées...

— Tu es un enfant, Adrien... Allons ! voyons, ex-
plique-toi.

— Non, je ne m'expliquerai pas... mais je suis sûr
que vous avez découvert la retraite où se cache la comtesse Marguerite, et voilà ce qui réveille votre ambition.

— Adrien, mon ami — dit Mouriez avec un grand
embarras — n'accuses pas. Attends.

— A la bonne heure ! mon oncle ; mais je n'atten-
drai pas longtemps ; vous verrez.

Ils étaient arrivés sur le seuil de leur maison, rue de
l'Echelle : la gouvernante de Claude Mouriez parut, une
lampe à la main, avec une mine refrognée, et dit d'une
voix sèche : — Ce n'est pas à pareille heure que se re-
tirent les honnêtes gens. Vous auriez bien pu passer la
nuit où vous étiez.

Le terrible Claude Mouriez inclina la tête et se retira
comme un enfant coupable dans son appartement.

XXIX.

DEUX AMIS DE ROBESPIERRE.

Le lendemain, Claude Mouriez se leva de très bonne heure, et se posa en sentinelle sur la terrasse des Feuillans, aux Tuileries, pour attendre Robespierre à son passage, lorsqu'il se rendrait à la Convention.

C'était dans les premiers jours du mois de mai 1794. La journée avait un éclat délicieux, les lilas embaumaient l'air, les arbres s'épanouissaient avec cette verdure si vigoureuse qui se fane si vite dans les ardeurs de l'été.

Robespierre, assis devant un guéridon avec le jeune Duperray, l'ami et l'ennemi de tous les jacobins, déjeûnait avec une frugalité spartiate, sous un hangar du jardin, décoré du nom de café (1).

Claude Mouriez, du haut de la terrasse, aperçut enfin Robespierre, et descendit pour le joindre.

En ce moment Robespierre semblait écouter attentivement son jeune interlocuteur; il leva la tête en voyant s'approcher un homme de stature colossale, et recon-

---

(1) M. Duperray, qui fut l'intime ami de M. de Choiseul, et qui est mort il y a quelques années, a traversé toutes les phases de la révolution, en disant des vérités dures à tout le monde, et sans se faire un ennemi. Nous l'avons particulièrement connu aux déjeûners du Louvre, où il nous racontait ses mémoires qu'il n'a jamais écrits malheureusement.

M Duperray, à 80 ans, était encore plein de feu, d'esprit et de verve; en 1837, 38, 39 et 40, il se rendait tous les jours à dix heures chez M. Guizot pour lui donner des conseils. A onze heures, il venait déjeûner au Louvre, où l'excellent duc de Choiseul, le dernier des grands seigneurs, donnait des matinées charmantes.

naissant Claude Mouriez, il le salua d'un geste froid, et lui fit signe de s'asseoir, puis Il dit :

— Duperray, continue, le citoyen Claude est un des nôtres.

— Alors ce n'est pas un des miens, — dit Duperray, avec un sourire charmant qui corrigeait toujours chez lui la brusquerie d'une épigramme. — Au reste, cela m'est bien égal... Je te disais donc, Robespierre, qu'il n'y a qu'un seul sceptre pour gouverner la France; c'est le *sabre modifié par la croix* (1). Tout autre instrument de pouvoir sera brisé dans ce pays. La France, crois-le bien, est un pays catholique et soldat; il n'aime que les revues et les processions ; en ce moment, tous ceux qui n'aiment pas la liberté se battent sur quatorze champs de bataille; et c'est fort heureux pour toi, car s'ils étaient en France, au lieu d'être partout, ton comité de salut public ne tiendrait pas vingt-quatre heures, et tu ne serais plus Robespierre demain.

Robespierre tira sa montre d'argent et regarda l'heure.

— Duperray, dit-il, tu refuses donc de déjeûner avec moi ?

— Que veux-tu que je déjeûne avec deux œufs frais qui ne le sont pas ! Je vais déjeûner, moi, au restaurant de la *Pomme de pin*, avec des plats plus substantiels !

— Et toi, Claude ? dit Robespierre.

— J'ai déjà déjeûné deux fois, répondit Mouriez.

— Duperray, dit Robespierre, tu n'as pas d'autre conseil à me donner aujourd'hui ?

— Non, pour le moment.

(1) Depuis 1794, jusqu'en 1840, M. Duperray n'a jamais varié dans cette opinion, ainsi formulée ; il l'a redite cent fois à Robespierre et à Danton, comme à M. Guizot et à M. Thiers. Nous en appelons au témoignage de ces contemporains qui vivent.

— Eh bien ! je vais t'annoncer une nouvelle qui te fera plaisir.

— J'en doute, Robespierre.

— Ecoute. Le **22** prairial prochain, je donne une fête magnifique, où je fais reconnaitre l'*Etre suprême* et l'immortalité de l'âme.

— Là, sérieusement, Robespierre, dit Duperray, crois-tu qu'un pouvoir ait quelque avenir, lorsqu'il s'amuse gravement avec de pareilles folies ? Robespierre, je vais te dire ton défaut, et ton seul défaut : tu es fou. Voilà ce que la France ne sait pas.

Claude Mouriez bondit sur sa chaise et regarda Duperray avec cet air de compassion qu'on accorde à l'homme qui va être pendu.

Robespierre sourit du bout des lèvres, et se tournant vers Mouriez :

— Cela t'étonne, n'est-ce pas, Claude ? Eh bien ! tous les matins Duperray vient me répéter ici la même chose, et je le laisse dire ; et les aristocrates prétendent que je suis un tyran !

— Mais tous les tyrans étaient fous ! dit Duperray rouge de colère, depuis Caligula, qui nommait son cheval consul, jusqu'à toi qui fait à Dieu l'honneur de le reconnaître. Le monde s'imagine qu'il n'y a de fous que ceux qui déraisonnent aux Petites-Maisons. Montesquieu a dit : On enferme dans des cages d'hospice quelques fous, pour faire croire que tous les autres du dehors ne le sont pas. *Il y a mille espèces de folies, étalées à l'air libre*, a écrit Erasme. Eh bien ! Robespierre, choisis, et classe-toi. Quant à moi, je n'ai pas le temps de te classer. J'aperçois Barrère, fou d'un autre genre, et j'ai encore deux mots à dire à celui-ci... Adieu (1) !

Et Duperray courut vers Barrère pour lui dire ce qu'il avait sur le cœur.

(1) Historique, quoique inédit.

Claude Mouriez ferma le poing sur le guéridon, et suivant de l'œil Duperray, il dit : — Vraiment, Robespierre, je ne comprends pas ta patience. Veux-tu que j'aille donner pour mon compte une bonne leçon à cet aristocrate insolent ?

— C'est inutile, dit Robespierre ; il est fou. Je suis habitué aux incartades de Duperray. Voyons ! toi, Claude, tu as quelque chose à me dire, n'est-ce pas?

— Non, Robespierre ; j'ai quelque chose à te demander.

— Je comprends... mais levons-nous, il est tard, et j'aperçois autour de nous un peu trop de curieux... Tu t'ennuies de ne rien faire, Claude, n'est-ce pas?

— Tu l'as deviné, Robespierre ; je me sens jeune, vigoureux, ardent, et je suis un être inutile à la République.

— Et quelle est ton ambition, Claude?

— Mon ambition est modeste ; je veux une place. J'ai rendu de grands services ; j'ai exposé ma vie cent fois pour la République ; j'ai réprimé des émeutes ; déjoué des complots, organisé l'administration dans les villes importantes, et, pour récompense, on m'a destitué.

— Claude, dit Robespierre avec un visage pétrifié, tu a rendu des services, c'est incontestable ; mais ta destitution a été juste. Veux-tu que je te rappelle toutes les scandaleuses aventures de Versailles?

— Bah ! des vétilles !

— Non, Claude — dit Robespierre d'un ton doux — ce seraient peut-être des vétilles pour un homme obscur, mais ce sont d'énormes fautes, quand elles sont commises dans les sphères élevées.

— Vraiment, Robespierre, tu parles sérieusement, de toi à moi?

— Très-sérieusement, Claude.

— Et toi, voyons, qui est placé dans les sphères éle-

vées, tu n'as pas quelque petite aventure galante à te
reprocher !

— Aucune ! dit Robespierre en élargissant sa main
droite sur les deux battants de son vaste gilet.

— Eh bien ! alors, Robespierre, c'est que tu es froid
et glacé comme ce marbre de Couston. — Je sais vaincre
mes passions.

— Robespierre — dit Claude avec un commencement d'animation et en haussant les épaules — tu te
moques de moi ! tu me prends pour un député de la
Plaine !

— Claude, dit Robespierre sans s'émouvoir, je suis
trop grave pour me moquer de quelqu'un ; je respecte
toujours l'homme...

— Moins la tête, remarqua durement Claude.

Cette terrible réflexion, tirée à brûle-pourpoint, ne fit
pas sourciller Robespierre ; il prit Claude par le bras, et
lui dit :

— Mon ami Claude, j'ai de grands devoirs à remplir.

— Ils disent tous cela ! murmura Mouriez comme dans
un à-parte. — Enfin tranchons le mot, Robespierre ; tu
ne veux pas me donner la moindre place, pas même une
place de juge dans le tribunal que la Convention vient
d'instituer ?

— Une place de juge ! dit Robespierre, avec un sourire
qui ne remontait jamais aux yeux — une place de juge,
à toi ! à toi Claude !

— Eh bien ! oui, à moi Claude ! Voyons, est-ce que
je ne jugerais pas comme un autre, comme le premier
venu ? Puisque la loi accorde neuf jurés, et trois juges à
chaque section de ce tribunal révolutionnaire, en supposant même qu'il y eût un juge médiocre, moi, par exemple, il resterait encore deux bons juges et neuf jurés
toujours infaillibles, comme tous les jurés.

— Claude Mouriez juge ! — dit Robespierre, comme

s'il n'eût pas entendu ces dernières parole — mais je te connais, Claude, et depuis longtemps ! La première femme qui viendrait te demander...

— Oh ! cette plaisanterie est trop longue ! dit Claude avec des yeux enflammés de colère — Robespierre, ne jouons pas l'hypocrisie entre nous. Si tu me pousses à bout, je te dirai ce que tu n'attends pas.

— J'attends tout — dit froidement Robespierre, — tu peux parler.

— Crois-tu donc, Robespierre, qu'on ignore dans Paris tes saturnales domestiques ?

— Ah ! j'ignorais complètement ces saturnales !

— Veux-tu entrer avec moi, là, dans la première boutique de la rue Honoré ? nous causerons avec le premier venu, et tu endendras tout ce qu'on dit de tes amours clandestines avec deux sœurs...

— Ah ! j'accepte — dit Robespierre en souriant — j'accepte la proposition ; viens...

— Réflexion faite, ce serait peine perdue ; ton nom inspire trop de terreur ; nous ne trouverions que des muets.

— Tu vois bien que tu renonces à trouver un seul écho d'une calomnie qui n'existe même pas...

— Oui, mais je donne une raison excellente qui existe. Demain, tombe du pouvoir, et tu verras si chaque coin de rue n'est pas un écho de cette vérité.

— Claude — dit Robespierre en se séparant d'un pas de son interlocuteur — tu es mon plus ancien ami, et je puis supporter quelques-uns de tes caprices. Adieu ! ... je vais à la Convention... mais une autre fois... modère ta parole, et soigne mieux tes expressions...

— Ainsi, rien n'est fait, rien ne se fera ? demanda Claude d'une voix étouffée par la rage.

— Rien ne peut se faire, mon ami.

— Il faut donc, Robespierre, que ton ancien ami,

pour gagner sa vie, aille fabriquer de faux assignats ?

— Tu sais qu'il y a peine de mort ?

— Parbleu ! il y a peine de mort pour tout ! Il vaut encore mieux battre la fausse monnaie de chiffons, que de porter un œillet blanc à la boutonnière. Il y a toujours le bourreau pour ces deux délits.

— Claude, veux-tu que je te donne un bon conseil :

— Que tu es généreux ! Allons ! donne.

— Passe aux armées ; c'est une carrière superbe qui peut te mener loin, et...

— Et qui te débarrasse de moi — interrompit Claude — merci de tes armées ! on y meurt de soif et de faim. Je veux rester à Paris.

— Soit... Reste, et prends un état.

— Eh bien ! oui — dit Claude en éclatant — je prendrai un état ! Je vois me faire orateur de clubs ; j'ai des poumons comme des soufflets de forge, et on m'entendra ; j'ai des poings métalliques, durs comme des marteaux, et l'on me craindra. Il n'y a pas un orateur de ma force dans toute ta Convention. Robespierre, je veux te démolir, moi, et battre ton nom avec mes deux poings sur l'enclume du club des Jacobins. Sans adieu, mon ami !

Claude s'éloigna, écumant de rage, et Robespierre, toujours le plus calme des hommes agités, monta pompeusement l'escalier de la Convention, après avoir donné à Claude un regard où ne se révélait ni colère, ni mépris, ni pitié.

L'ex-proconsul de Versailles, qui tremblait devant son neveu ou sa gouvernante, venait de livrer un assaut terrible à l'homme le plus redouté du moment, et bien loin de regretter cet acte d'audace, il se promenait, avec une agitation convulsive, dans le jardin des Tuileries, entassant les uns sur les autres les projets les plus extrêmes. Ceux qui passaient à côté de lui éprouvaient une sorte de terreur en voyant cet homme gigantesque, dont la figure exprimait toutes les pensées violentes et toutes les formidables passions.

Tout à coup il fut saisi d'une idée qu'il approuva au même instant.

— Oui, se dit-il, allons à la Convention ! Qui sait ? Robespierre prendra la parole (il la prend toujours), et je profiterai de l'occasion pour lui lancer du haut des tribunes quelque bonne insulte, comme un pavé. Ce sera toujours un commencement de vengeance; et malheur à ceux qui lèveront la main sur moi : je les étends à mes pieds comme on étend des bœufs à l'abattoire ! Oui, allons !

Il y avait foule à la Convention, selon l'usage; mais Claude ne craignait pas la foule; il savait, à l'aide de ses coudes d'airain, la sillonner comme un soc de charrue coupe le terrain le plus dur. Avant l'entrée de Claude, il n'y avait pas une place pour un enfant, après il y en eut pour un homme.

Le nouvel auditeur croisa fièrement ses bras sur la poitrine, et promena ses regards de la Montagne à la Plaine au Vallon.

En ce moment on discutait une loi qui intéressa tout-à-coup Claude Mouriez par des motifs qui seront trouvés fort naturels.

Cette discution innattendue bouleversa toutes les idées que Claude avait apportées aux tribunes de la Convention. Il s'agissait d'exiler *les ex-nobles, les routières mariées à des nobles et devenues veuves, de Paris, des places fortes et des places maritimes.*

Quelques orateurs montèrent à la tribune, non pas pour combattre le projet de loi, mais pour le soutenir ou le modifier insensiblement dans quelques-unes de ses dispositions.

Comme on doit s'y attendre, Claude Mouriez ne vit dans la promulgation de cette loi que l'exil de Mme de

Pressy, et ses yeux dévoraient les orateurs qui soutenaient le projet de loi. Un bien faible espoir lui restait
encore; mais il ne tarda pas à s'évanouir. La loi fut
adopt'e à une majorité immense.

Claude secoua la tribune sous la pression de son pied,
et s'écria : « Voilà une loi révoltante d'absurdité! »

Tous les spectateurs qui meublaient cette partie de la
tribune poussèrent, en chœur sinistre, des murmures
sourds, et crièrent : *A bas l'aristocrate!* Claude les regarda du haut de sa taille, et dit :

« Le premier qui répète ce cri, je le lui fais rentrer
dans la gorge avec ce poing! »

Il montrait le poing de Milon de Crotone.

Tous les yeux admirèrent la taille de Claude Mouriez,
et personne n'osa répéter le cri.

— Alors, citoyens, laissez-moi passer, il faut que j'aille
faire une visite à une citoyenne ex-noble, qui est forcée
par cette absurde loi à quitter Paris demain. Cependant,
comme vous avez été sages, citoyens, je suis bien aise
de vous dire que Claude Mouriez n'est pas un aristocrate.

A ce nom connu, la foule s'écarta respectueusement,
et Claude sortit de la salle de la Convention.

XXX.

LOI D'EXIL.

La plus grande vérité écrite est celle-ci : *L'homme s'a-gite et Dieu le mène :* ce qui n'empêchera jamais l'homme de s'agiter.

Il y a dans certaines privilégiées une mystérieuse coïncidence d'événements, enchaînés l'un à l'autre avec tant de soin qu'ils semblent avoir été préparés par un arrangeur spécial, après de longues méditations. Certaines gens attribuent au hasard ces péripéties domestiques de l'humanité.

Depuis sa première ligne, cette histoire est entrée dans un sillon où se déroule ce fil conducteur et fatal qui entraîne tant d'existences fiévreuses à des destins non soupçonnés.

Le hasard est la divinité qu'on rencontre lorsqu'on baisse les yeux pour regarder la terre; pour mieux rencontrer, on doit regarder beaucoup plus haut.

Ces réflexions faites, passons.

Adrien à peine levé entra dans l'appartement de son oncle, et ne le trouve pas. — Bon ! se dit-il, déjà sorti ! Voilà les incartades qui recommencent ! Quel enfant ! et il voudrait occuper un poste éminent dans la République ! Heureusement il est connu !...

Le jeune homme appuya son front sur sa main et continua ainsi son monologue :

— Si je ne le calomnie pas, en ce moment, où peut-il être à cette heure-ci ?... Au Palais-National... ou au café militaire... ou... ma foi ! il court dans Paris selon son usage ; il rôde çà et là, pour recueillir des nouvelles, comme font tous les fonctionnaires destitués.

Cependant l'oncle ne rentrait pas, et l'heure avançait. Adrien, qui décidément, en vertu des lois d'une
révolution, avait bouleversé, lui aussi, les usages de
famille et s'était constitué le tuteur de son oncle, se mit
en devoir de le chercher dans Paris ; chose, au premier
abord, qui paraît aussi difficile que l'entreprise de Té-
lémaque cherchant son père à travers les archipels.

Ce jour-là, la beauté du temps conseillait à tous les
Parisiens une promenade aux Tuilrries. Adrien sortit
de l'étroite et sombre rue de l'Echelle, et à l'extrémité,
il aperçut une perspective de verdure printanière, qui
l'attira vers le jardin ex-royal.

Il chercha son oncle dans tous les clubs en plein air, où
de bons bourgeois, la canne à la main, critiquaient avec
des arabesques sur le sable, le plan que Hoche avait suivis
dans les Vosges, les opérations de Jourdan à Charleroi,
les marches de Kleber sur la Sambre et les hésitations
mystérieuses de Marceau. En ce moment, tout le sable
des Tuileries qui avoine les quatre grands fleuves était
changé en cartes géographiques par des tacticiens qui
donnaient de loin des leçons à tous nos généraux républicains. Les curieux étaient innombrables, et les yeux
suivaient sur le sable des pointes des cannes à becs de
corbin, et traçaient les sept marches de l'armée française commandées par les généraux Charbonnier et Des-
jardins contre le prince de Paunitz et le duc d'York.
Il est inutile de dire que les tacticiens de la Petite-Pro-
vence battaient, sur l'heure-même, à la pointe de leurs
cannes, les généraux ennemis, et les poursuivaient
jusqu'à Vienne et à Berlin, en prenant une tasse de
chocolat.

Adrien ne trouva pas son oncle dans cette foule bel-
liqueuse de bourgeois poltrons, qui livraient tant de batailles innocentes sous les marronniers de Tuileries ; il
conçut alors très-naturellement l'idée que Claude Mou-

riez assistait à la séance de la Convention, et il se dirigea vers la salle de l'assemblée, avec la certitude de rencontrer son oncle dans une tribune; mais, chemin faisant, il l'aperçut sous la terrasse, et marchant d'un pas qui soulevait le sable, et d'un air de Jupiter tonnant. Claude, en apercevant son neveu, fit de violents efforts pour faire rentrer en lui sa colère extérieure, mais Adrien ne fut pas dupe de cette dissimulation trop brusque pour être adroite.

— Mon cher oncle lui dit-il, vous allez vous battre, je ne vous quitte plus.

— Non, Adrien, non, dit Claude, en essuyant son front, et d'une voix qui s'adoucissait comme la houle après la tempête; non, je suis très-calme... Je sors de la Convention, et la chaleur y est excessive... Figure-toi sept cents représentans qui ont la fièvre, et deux mille curieux qui ont l'hydrophobie, tout cela forme un volcan auprès duquel le Vésuve est un glaçon.

— Mon oncle, dit Adrien d'un ton sévère, je suis habitué à vous voir, et je vous connais bien. Hier, au théâtre, vous m'avez trompé. Aujourd'hui, vous me trompez encore. Si vous vous comportez ainsi avec moi, je vous abandonne à vos passions; je vais rejoindre ma mère et cette fois, toutes vos lettres n'auront pas le pouvoir de me rappeler auprès de vous à Paris.

— Eh bien! Adrien, écoute — dit l'oncle, en prenant le bras de son jeune tuteur, et l'entraînant vers une allé sombre du jardin — je veux désormais te parler avec franchise...

— Commence donc aujourd'hui, mon oncle.

— Oui, Adrien, je commence, Tu sauras donc que je sors indigné de la Convention.

— Ah! que s'est-il donc passé? La Montagne se fait-elle réactionnaire?

— Pas encore; ça viendra. En attendant, ces gens-là

font des sottises énormes. A présent même, il viennent
de fabriquer une loi qui n'a pas le sens commun... Ils
exilent de Paris les veuves des ex-nobles ! comprends-tu
cette absurdité ?

Et que vous importe cela, mon oncle ? — demanda
le jeune Adrien d'un air trop intelligent.

— Au fait, oui, tu as raison, cela m'est bien égal,
mais...

— Mais !... voyons, mon oncle, le chemin que prendra ce *mais !*

— Mais il me semble que la Convention pourrait
mieux employer son temps. Quelle sottise de faire
croire à l'univers que des hommes craignent des femmes !

— C'est que, mon oncle, il y a des femmes plus dan-
gereuses que des hommes...

— Tu crois, Adrien ? — demanda Mouriez avec une
naïveté feinte.

— Je le crois beaucoup, mon oncle. Ainsi, vous,
par exemple, dites-moi, y a-t-il un seul homme qui
puisse vous inspirer la moindre crainte ?

— Aucun... à telles enseignes, que ce matin encore
j'ai mené Robespierre comme un enfant.

— Et que vous a dit Robespierre ?

— Rien du tout, Robespierre est un de ces hommes,
qui ont pris l'habitude d'être poltrons, lorsqu'ils sont
seuls. Il y a beaucoup de braves dans ce genre.

— Eh bien ! mon oncle, vous qui ne craignez aucun
homme, pas même Robespierre, vous trembleriez devant Mme de Pressy !

— Enfant !... Tu es un enfant, Adrien — dit Mouriez avec un sourire d'écolier en récréation.

— Et tout enfant que je suis, poursuivit Adrien, je
devine maintenant le motif de votre colère contre la loi
d'exil qu'on vient de promulguer contre les veuves ;
cette loi aurait dû, par un sage amendement, excep-

ter de la proscription Mme de Pressy, Alors, quelle excellente loi nous aurions eue ! n'est-ce pas ?

La raillerie d'Adrien perçait dans son organe, assaisonné de notes stridentes, et Claude baissait les yeux avec la modestie d'une rosière devant un bailli redouté.

— Mon cher oncle, continua le jeune homme en prenant affectueusement la main de Claude, et en donnant à sa voix cette tendresse mélodieuse qui remue le cœur, si vous êtes un républicain sincère, voici une belle occasion de vous réconcilier avec vous-même. Je suis sûr que vous connaissez la retraite de madame de Pressy : eh bien ! devenez le protecteur de cette femme; vous avez des amis puissans ; servez-vous-en pour faire le bien au lieu du mal. Le fond de votre caractère est excellent; essayez donc de la vertu; elle a plus de douceurs que le vice. Une loi terrible chasse madame de Pressy de cette ville où des liens secrets la retiennent peut-être; cet exil est peut-être aussi pour elle le plus grand des malheurs; eh bien; j'irai la voir en votre nom, je lui offrirai notre protection et nos services dans son isolement; et vous, mon oncle, vous resterez à l'écart, dans l'ombre, elle vous saura gré d'une absence respectueuse, et d'un dévouement qui se manifeste de loin. Son estime et son affectation seront pour vous une bien douce récompense, et vous tiendront lieu de son amour que vous n'aurez jamais.

Claude Mouriez écouta les paroles d'Adrien avec une attention émue, et, serrant la main offerte, il dit :

— Mon cher enfant, si je fais ce que tu me dis de faire, tu resteras toujours auprès de moi... car, vois-tu, Adrien, ce que je crains par-dessus tout, c'est de te perdre... Je suis jaloux de ma belle-sœur, ta mère... Quand je te vois sourire à mes côtés, Adrien, il n'y a pas dans ce jardin si beau, il n'y a pas un rayon du printemps qui me ravisse d'avantage ! Tu veux que je fasse une bonne action. Adrien, je la ferai, à condition que chaque jour je pourrai te remercier de m'avoir donné un si bon conseil.

— Oui, mon oncle, à mon tour, je vous promets tout ce que vous pouvez attendre d'un fils.

— Ne perdons point de temps, Adrien... Ecoute... Voilà déjà une voix enrouée qui crie : *La loi qui exile les ex-nobles de Paris et des villes maritimes, à un sou !*

— Mon oncle, l'adresse de madame de Pressy ?

— Je vais t'y conduire moi-même.

— Mais vous ne monterez pas ?

— C'est convenu, Adrien ; je t'indiquerai seulement la maison de loin.

Les deux interlocuteurs gardèrent dès ce moment le silence ; Adrien préparait le discours qu'il devait adresser à madame de Pressy.

Au coin de la rue Sainte-Anne, Claude Mouriez désigna de loin la maison de la belle veuve. On s'assigna un rendez-vous pour le soir, et Adrien se présenta chez le portier du nº 42, et demanda la citoyenne Pressy.

Le portier examina le jeune homme et fit le mouvement imperceptible de l'homme qui est rassuré par une figure douce, une voix charmante et un costume soigné.

— La citoyenne Pressy, dit-il, au fond de la cour, escalier à gauche, au premier, porte à droite.

Adrien fut reçu par Angélique, quelle fit asseoir dans le salon et passa dans la pièce voisine pour l'annoncer.

La comtesse parut quelques instants après, et du premier coup d'œil elle reconnut l'excellent jeune homme qui s'évanouit dans sa petite maison de Versailles, avenue du Thiers.

Adrien exposa en termes clairs le sujet de sa visite, et sa parole, honnête comme sa figure, fit une une vive impression sur madame de Pressy.

— Monsieur, dit-elle, votre présence ici me rappelle un jour affreux, mais je me souviens aussi de votre admirable conduite dans ces terribles heures qui ont décidé de ma vie. Aussi, je n'éprouve aucune crainte en vous parlant en toute confiance.

Adrien s'inclina et fit le geste qui exprime le dévouement le plus absolu.

— Cette loi, continua madame de Pressy, m'exile de Paris, mais je ne vous cacherai pas que je tiens fort peu à séjourner dans cette ville ; et la démarche que vous faites auprès de moi m'annonce et me prouve que je puis maintenant habiter sans crainte la seule ville de mes affections...

— Laquelle, madame ! interrompit Adrien.

— Versailles.

— Vous voulez entrer à Versailles, madame ?

— Oui, monsieur; du moins je veux y rentrer aujourd'hui, depuis votre visite. Figurez-vous, monsieur, que je ne sais rien, que j'ignore tout, que je vis sans connaître les plus petits comme les plus grands événements. Ma retraite est absolue. Cependant, je ne me cache point ; à quoi bon se cacher ? J'aime mieux le danger qui tombe tout de suite sur ma tête, que le danger toujours suspendu. Voilà pourquoi vous n'avez trouvé aucun obstacle à ma porte. Versailles a été pour moi, depuis que je l'ai quitté, une ville aussi éloignée que Dublin. Je n'ai rien connu de tout ce qui s'y passait. Vous, m'affirmez, monsieur, maintenant, que je puis habiter Versailles sans crainte ; je quitterai Paris demain, et j'espère, bien, monsieur, que j'aurai le plaisir de vous y voir.

— Madame, dit Adrien, je ferai mieux, si vous le permettez. J'ai beaucoup d'amis à Versailles ; je puis aller moi-même y choisir une maison à votre convenance, et...

— Monsieur, interrompit la comtesse, puisque toute ombre de danger a disparu pour moi dans ce beau Versailles, il me serait bien doux de rentrer dans la même maison... la maison que vous connaissez.

— Me chargez-vous de cette petite commission, madame?

— Mais puisque vous avez la bonté de m'offrir ce service... j'accepte avec reconnaissance.

On s'entretint encore très-longtemps, et Adrien, dans la suite de la conversation, révéla toute la noblesse de son caractère, et fit pardonner à Claude Mouriez les fautes du passé.

En quittant la comtesse, Adrien lui dit :

— Madame, je vais monter à cheval dans un quart d'heure, et je serai de retour avant le coucher du soleil.

Madame de Pressy, restée seule, s'abandonna vivement à une joie qui lui était depuis longtemps inconnue ; elle allait rentrer dans une ville qui lui rappelait tant de doux et tant de cruels souvenirs : ces derniers sont souvent les plus chers au cœur de la femme !

XXXI.

UNE MAISON CONNUE.

Deux heures après, notre jeune Adrien descendait de cheval à Versailles, et s'acheminait ensuite vers une maison bien connue, dans l'avenue du Thiers.

La physionomie extérieure de la maison annonçait qu'elle était habitée, ce qui contraria beaucoup Adrien. Cependant, pensa-t-il, toute maison, en général, est à louer où à vendre ; avec un sacrifice d'argent, on aplanit toutes les difficultés, surtout quand on est riche comme Mᵐᵉ de Pressy.

La porte s'ouvrit au second coup de sonnette, et une vieille femme se montra.

A cette époque, un coup de sonnette ou de marteau semblait toujours annoncer une mauvaise visite, et quand une porte s'ouvrait, l'œil du portier ou du locataire détaillait toute de suite les traits de visage et le costume du visiteur inattendu.

Cette fois, l'examen fut à l'avantage du jeune homme, la vénérable gardienne de la maison se trouve complètement rassurée devant une de ces charmantes et fraiches figures qui expriment toutes les bontés de l'âme, et ne laissent soupçonner aucun mauvais levain.

— Citoyenne, dit Adrien en souriant, il y a beaucoup de maisons à louer, en ce moment, à Versailles ; la vôtre serait-elle du nombre, par hasard ?

— Ce serait bien possible, citoyen — dit la gardienne de l'air d'une femme qui a de rares occasions de parler, et qui saisit avidement celle qui se présente —

entre nous, je vous dirai que les deux locataires ne font pas beaucoup de poussière dans cette maison, et ils ne demanderaient pas mieux sans doute que de la quitter, si on leur donnait un dédommagement de loyer... Mais, citoyen, donnez-vous la peine d'entrer.

— Oh ! je connais la maison, dit Adrien en franchissant le seuil de la porte, et j'ai peu de temps à perdre... Pardon, citoyenne, pourriez vous me faire parler aux deux locataires ?

— Ah ! citoyen, ils sont absents... Ce paraît vous contrarier beaucoup ?

— Oui, citoyenne.

— Mais ils seront ici ce soir très-probablement.

— Il m'est impossible d'attendre ce soir. J'ai une réponse à rapporter à Paris.

— Si vous pouviez revenir demain, citoyen, je vous rendrais une réponse.

— Demain... c'est impossible !

— Comment, citoyen, vous ne pouvez pas attendre un jour ?

— Pas un jour !

— Tiens ! c'est drôle !...

— Ecoutez, citoyenne, pourriez-vous m'indiquer à peu près l'endroit où sont les locataires en ce moment ? Ils sont peut-être à la promenade, dans les jardins du château. Désignez-le moi, et je les découvrirai bien, ou du moins, j'essaierai de les découvrir, car il m'est impossible de rentrer à Paris sans donner une réponse satisfaisante. Il faut au moins que je prouve que j'ai fait même l'impossible pour bien remplir ma commission.

— Citoyen, dit la femme après avoir réfléchi, il me serait bien difficile de vous donner des renseignements là-dessus... Cependant... il y a une chose que je ne puis pas dire peut-être, mais que je vous dirai, parce que vous avez l'air d'un excellent jeune homme... Mais n'en parlez pas. Dites, dites, citoyenne.

— Je crois que les deux locataires sont à Passy...

— Ils demeurent à Passy? interrompit Adrien dont la patience était à bout — j'irai à Passy.

— Oh! non, citoyen, n'allez pas à Passy, vous ne les trouveriez pas, c'est sûr. Seulement... vous savez... on ne se gêne point devant une femme de ménage. — Je leurs entends dire souvent : allons à Passy!... ils l'ont dit encore ce matin.

— Et vous ne connaissez pas, citoyenne, la maison où ils descendent à Passy?

Non.

— Passent-ils quelquefois la journée à Versailles, vos locataires?

— Oh! bien rarement... presque jamais... Ils viennent assez régulièrement, le soir, coucher ici... et, à la pointe du jour, il s'en vont; quelquefois même, je ne les vois pas. Le plus jeune des deux passe souvent la moitié de la nuit dans ce pavillon... où il écrit... Entre nous, je crois que c'est un écrivain.

— La porte de ce pavillon est ouverte — dit Adrien en s'avançant — il paraît que votre écrivain ne craint pas les indiscrets?

— D'abord, citoyen, je ne sais pas lire, moi ; et puis l'écrivain ne laisse jamais rien dans ce pavillon... Eh! il n'y a pas d'indiscrétion, vous pouvez voir.

Adrien profita de la permission donnée pour arracher au hasard quelque indice qui l'éclairât mieux que n'avait fait la gardienne de la maison.

Une table boiteuse, trois fauteuils vermoulus, une tapisserie en lambeaux, meublaient ce pavillon de l'écrivain. Quelques feuilles de papier s'éparpillaient çà et là, mais elles étaient blanches, c'est-à-dire jaunâtres, nuance qui à cette époque était celle du papier blanc.

Le jeune homme ne voulut pas exercer, aux yeux de

la gardienne, le métier d'inquisiteur ; à peine osa-t-il retourner négligemment quelques feuilles pour s'assurer de leur virginité. Adrien aurait voulu rencontrer au moins un livre, parce qu'un livre est souvent la révélation du caractère et des mœurs d'un homme ; mais il fallut renoncer à cet espoir. Le papier manuscrit ou imprimé avait fui ce cabinet de travail.

Au moment où il allait sortir, Adrien crut remarquer, à travers les noires souillures de la table, quelques caractères symétriquement alignés : il se pencha de ce côté avec une nonchalance trompeuse, et lut ces vers écrits sur le bois, comme essai de plume :

Quand du noir aquilon la dévorante haleine
Bouleverse les flots où brille Mitylène,
Et qu'un nuage épais couvre l'astre du jour,
Le pilote, perdu dans la nuit et sur l'onde,
Sourit de loin encore à la blanche rotonde
Où l'Amour adore l'Amour !

C'est singulier ! dit Adrien en lui-même, voilà des vers qui n'ont pas l'air d'appartenir à l'*Almanach des Muses* et au *Mercure de France* ! Ces vers ont un caractère particulier.

Et se retournant vers la vieille femme, d'un air plus plein d'insouciance !

— Citoyenne, dit-il, est-ce l'écriture de l'un des locataires que je vois là ?

— Citoyen — dit la femme en regardant les vers, — je ne connais l'écriture de personne, moi, et je vous en ai déjà dit la raison ; mais comme tous les jours je frotte cette table, qui est souvent couverte de poussière, je puis vous assurer qu'avant-hier cette écriture n'y était pas. Ainsi, comme ce n'est pas moi qui l'ai faite, ce doit être l'un de ces deux citoyens !

— Mes demandes, peut-être, vous déplaisent, citoyenne ? Parlez-moi franchement ; il me semble que je suis indiscret.

— Oh! mon Dieu! non, citoyen; je n'ai rien à faire et je passe quelquefois trois jours sans dire un mot, faute d'occasion. La conversation, c'est comme le mariage, il faut être deux au moins. Vous pouvez donc m'interroger, je ne demande pas mieux que de vous répondre... Citoyen, voilà un fauteuil, si vous voulez vous asseoir...

— Oh! ne faites pas attention, citoyenne — dit Adrien, toujours les yeux fixés sur les vers — je puis rester debout, je vais remonter à cheval... Quel âge ont-ils, vos deux locataires?

— Le plus âgé paraît avoir quarante-cinq ans et l'autre trente...

— Alors, c'est le plus jeune à coup sûr qui a écrit ces vers.

— Oh! oui, c'est le citoyen André qui a écrit cela, parce que l'autre n'entre jamais ici.

— Il se nomme André?

— Oui, citoyen.

— C'est son prénom?

— Je crois, citoyen, que c'est son nom, parce que je ne lui en connais pas d'autre.

Adrien, dans un à-parte, murmura ces mots à voix basse : C'est André Chénier!

Et croyant avoir abusé de l'indiscrétion, même devant une vieille femme très-disposée à parler de ses maîtres ou de toute autre chose, il marcha vers la porte et dit :

— Puisque je suis à Versailles, j'y resterai jusqu'à demain... Ecoutez-moi bien, citoyenne; je vais vous laisser quelques mots écrits au crayon, et vous les remettrez au plus jeune de vos locataires, lorsqu'il arrivera de Passy.

Adrien écrivit sur-le-champ ce billet.

« Votre bien affectionné Adrien Mouriez vous attend

à la petite auberge de la *Lyre d'Apollon*. Si vous avez
quelques motifs pour refuser ce rendez-vous, j'accep-
terai celui que vous voudrez bien me désigner.

» ADRIEN. »

La vieille femme prit le billet, et regardant Adrien,
elle lui dit :

— Vous connaissez donc le citoyen André, puisque
vous lui écrivez ?

Adrien ne répondit que par un geste équivoque, et,
saluant la femme, il courut s'enfermer dans une modeste chambre, à l'auberge de la *Lyre d'Apollon*.

Là, il écrivit, par un exprès, deux lignes à M\u1d50\u1d49 de
Pressy, en la priant de vouloir bien excuser son retard. Il promettait de lui rapporter une réponse favorable le lendemain.

Vers neuf heures du soir, Adrien entendit un bruit
de pas sur l'escalier, et bientôt après trois légers coups
frappés sur sa porte ; il se leva, ouvrit, et reconnut
André Chénier.

— Je viens à vous avec pleine confiance, dit le poëte
en tendant sa main vers le jeune homme, avec toute
confiance, comme vous voyez.

— Et je crois mériter cette confiance, dit Adrien en
serrant la main offerte.

— Monsieur, poursuivit Chénier, dans les premières
années du péril, on s'amuse à prendre des précautions
pour éviter ce qu'on appelle des piéges, des embûches,
des guet-apens ; mais lorsqu'on voit que ces années se
prolongent, on trouve qu'une prudence perpétuelle est
une chose onéreuse, et on reconnaît que la vie ne vaut
pas la peine d'être défendue par une lutte de tous les
instants.

— Citoyen, dit le jeune Mouriez, ce que vous dites-
là diminue beaucoup le plaisir que vous m'aviez donné
en me parlant de votre confiance, et...

— Oh ! croyez bien, monsieur — interrompit vivement André — que je ne rétracte rien de mes premières paroles : le reste est une pure réflexion philosophique ; elle regarde tout le monde, si vous voulez, excepté vous. Serrez-moi la main, monsieur ; nous nous sommes connus dans un bien terrible moment, là dans cette même maison où vous êtes venu me chercher aujourd'hui... Vraiment, monsieur, j'admire votre sagacité ; elle est merveilleuse... Quoi ! vous avez deviné que des souvenirs... me rappelleraient tôt ou tard dans cette maison ?

— Mais... — dit Adrien embarrassé — mais... citoyen... il y a beaucoup de hasard... et...

— Du hasard ! dites-vous, monsieur ! Oh ! ce n'est pas le mot propre ; c'est de la sagacité : à votre âge, vous connaissez déjà le cœur humain.

— Je venais donc — dit Adrien, en changeant brusquement de ton et de sujet de conversation — je viens pour vous demander un service... Je viens louer votre maison...

— Oui, on m'a bien dit cela, interrompit Chénier, en m'annonçant votre visite, et en me remettant votre billet au crayon ; mais j'ai pris cela pour un prétexte. Au temps où nous sommes, on fait mille détours avant d'exposer le véritable motif d'une visite. C'est une perpétuelle partie d'échecs que tout le monde joue. On appelle cela être fin...

— Excusez-moi, citoyen — dit le jeune homme en souriant — je ne joue jamais aux échecs, quoique le café de la Régence soit fort à la mode. Lorsque je me suis présenté chez vous, mon intention réelle était bien de louer votre maison, si elle se trouvait disponible.

— Monsieur, dit Chénier, vous me voyez alors dans un vrai désespoir, car vous venez me demander le seul

service qu'il m'est impossible de vous rendre. Cette
maison est mon univers. Si je vous la cède, il ne me
reste plus une pierre pour reposer ma tête. J'ai passé
un an et plus d'absolue retraite à Rouen, et j'y serais
mort si je n'eusse entretenu en moi l'espoir d'habiter
quelque jour, en même temps opportun, la maison où
je suis. Le destin m'a favorisé; j'ai vu se rouvrir devant moi cette bienheureuse porte de l'avenue du Tiers;
puis-je me la refermer moi-même derrière moi? Cet
effort me serait impossible... Mais pardonnez-moi mon
indiscrétion, monsieur : vous êtes donc irrévocable-
ment fixé sur le choix d'une maison, sur celle-là?

— Oui, citoyen. — répondit tristement le jeune
homme.

— Je comprends, poursuivit Chénier vous avez
aussi, vous, laissé là un souvenir... Hélas! nous ne
vivons qu'avec le passé... Monsieur, excusez-moi, si je
vous quitte, un ami m'attend avec inquiétude, et vous
comprenez...

André fit un mouvement vers la porte, Adrien le
retint.

— Encore un mot, citoyen Chénier — dit-il en lui
barrant le chemin — vous persistez donc dans votre
refus?

— Eh! mon cher monsieur, il le faut bien... nous
causerions de cela jusqu'au jour, et demain je serais
encore plus obstiné qu'aujourd'hui. Ainsi épargnons-
nous de propos inutiles... M. Mouriez, je serai toujours charmé de vous voir, et...

Il fit encore quelques pas vers la porte. Adrien l'interrompit et l'arrêta.

— Citoyen Chénier... écoutez... — dit Adrien du
ton du jeune homme novice qui comprend qu'il va faire
une chose presque coupable, mais contraint et forcé
par la situation — écoutez, je ne vous demande pas
votre maison pour moi...

— Raison de plus pour la refuser, dit Chénier.

— Mais je vous la demande au nom d'une femme.

L'émotion fit expirer les derniers mots sur les lèvres d'Adrien.

— Au nom de...? demanda Chénier qui n'avait pas très-bien entendu.

— D'une femme répondit Adrien avec une voix claire et distincte.

André Chénier regarda fixement son interlocuteur, et comme il n'y avait qu'une seule femme dans le souvenir et la pensée du poëte, il crut tout de suite que sa maison était demandée par Mme de Pressy, surtout en remarquant chez Adrien une émotion qui n'aurait eu sans cela aucune cause raisonnable en pareil entretien.

— Pour une femme? dit André en croisant les bras sur sa poitrine — et sans doute, le nom de cette femme est un mystère?

— Citoyen Chénier, — répondit Adrien, en baissant les yeux, je ne suis pas autorisé à dire ce nom. Vous savez qu'aujourd'hui il y a une foule de noms qui n'appartiennent pas à ceux qui les portent. Vous-mêmes citoyen Chénier, votre femme de ménage vous appelle André : ainsi, que trouvez-vous d'étonnant à ce qu'une femme me recommande de taire son nom ?

Adrien s'estima heureux d'avoir trouvé cet expédient qui mettait sa conscience d'envoye au repos.

— C'est probablement une femme proscrite dit Chénier sur un ton qui était plutôt celui de la réflexion que de la damande.

Adrien profita de ce ton pour ne pas répondre.

Chénier laissa tomber ses bras, baissa la tête et réfléchit en laissant percer sur sa figure toutes les pensées de joie et de douleur qui bouleversaient en ce moment son âme.

— Eh bien! citoyen Chénier, dit Adrien, songez à

l'inquiétude de votre ami qui vous attend... et prenons une décision...

— Monsieur, répondit le poëte aujourd'hui la Convention a promulgué une loi contre les ex-nobles ; hier j'ai vu annoncer cette loi dans le *Moniteur*. Maintenant, quoi que vous disiez, votre démarche si pressante se rattache à l'événement de ce jour. Vous demandez ma maison pour une femme noble exilée de Paris. Cela me suffit... si ce n'est pas elle, c'est une autre femme dans la même position, c'est une sœur d'exil. Ma maison sera demain à vous.

— Mille actions de grâces ! — dit Adrien en serrant les mains du poëte — comptez sur ma reconnaissance et sur mon dévouement, deux sentiments qui sont chez moi éternels.

— Vous me remerciez pour bien peu de chose monsieur Mouriez, dit Chénier, et quelque chose me dit que le plus obligé de nous deux dans cette affaire ne sera pas vous.

— L'avenir est à Dieu, cher poëte, dit Adrien ; j'ai fait mon devoir, vous avez fait le vôtre ; maintenant marchons, vous et moi, à notre destin.

— Adieu ! jeune homme — dit Chénier, dont l'émotion croissait à chaque minute — votre silence a déjà trop parlé. Tout ce que vous ne vouliez pas dire a été dit ; mais ce n'est pas votre faute, je comprends. Adieu ! nous nous reverrons. Vous me trouverez tous les jours à 5 heures du soir à Passy, rue Basse, n° 15. J'y serai déjà demain.

— Cher poëte, adieu ! — dit Adrien — que le secret de cet entretien ne sort jamais du fond de nos cœurs !

— Jamais ! je vous le jure ! — dit Chénier... — Ah ! mon Dieu ! nous oublions... j'oubliais la chose essentielle... demain, à midi, les clefs de la maison seront déposées ici , entre les mains du maître de l'auberge... et on ne les remettra qu'à la citoyenne...

— A la citoyenne... — dit Adrien avant de fermer la porte — elle n'a pas changé de nom.

Chénier entendit cette dernière phrase en descendant les premières marches de l'escalier.

XXXII.

UN JOUR DE FÊTE.

En ce moment, Paris, cette ville qui a tout vu, et qui peut tout revoir, avait changé de physionomie; le fond sans doute était le même, la surface offrait de grandes variations. La gaîté régnait extérieurement, et les motifs de cette métamorphose nous paraîtraient aujourd'hui absurbes, si notre expérience révolutionnaire ne nous démontrait point que Paris a l'habitude de se consterner ou de s'égorger pour des raisons qui seront des mystères historiques dans les jours calmes d'un avenir très-éloigné.

Il n'y avait plus de clubs, excepté celui des Jacobins, qui n'était qu'une succursale de la Convention. Les rues avaient un air de fête. On venait de proclamer le fameux décret ainsi conçu : *Le peuple français reconnaît l'existence de l'Etre Suprême.* On avait créé une série de fêtes pour tous les décadis, les fêtes :

Du genre humain ;
Du peuple français ;
Des bienfaiteurs de l'humanité ;
Des martyrs de la révolutions ;
De la liberté et de l'égalité ;
De la liberté du monde ;
De l'amour de la patrie ;
De la haine des tyrans et des traitres ;
De la vérité ;
De la justice ;
De la pudeur ;
De la gloire ;

De l'amitié ;
De la frugalité ;
Du courage ;
De la bonne foi ;
De l'héroïsme ;
Du désintéressement ;
Du stoïcisme ;
De l'amour ;
De la foi conjugale ;
De l'amour maternel ;
De la tendresse paternelle ;
De la piété filiale ;
De l'enfance ;
De la jeunesse ;
De l'âge viril ;
De la vieillesse ;
Du malheur ;
Du bonheur ;
De l'agriculture ;
De l'industrie ;
Des aïeux ;
De la postérité.

Le peintre David avait été chargé de formuler les programmes de ces fêtes, avec les traditions des Grecs et des Romains.

La commune et les Jacobins avaient félicité la Convention sur ce décret *sublime*. On chantait partout *l'hymme de la vertu* ; le mot de réconciliation était dans toutes les bouches et personne ne songeait plus à redouter un avenir chargé de tant de fêtes.

La translation des cendres de Rousseau dans les caveaux du Panthéon achevait de tranquilliser les esprits.

Une ère nouvelle commençait. La république était désormais fondée sur des bases inébranlables, comme tout ce qui est fondé en France.

Danton et Camille Desmoulins, seuls obstacles au progrès, ayant disparu dans une tempête récente, rien ne pouvait plus troubler la sérénité de l'horizon politique. Enfin, comme disaient les poëtes du temps, *l'âge de Saturne et de Rhée* allait revenir; Danton et Camille Desmoulins ne pouvaient plus s'opposer par malveillance systématique au retour de l'âge d'or. On respirait enfin! il était temps!

Sur le frontispice de tous les temples, on avait effacé ces mots : *A la Raison*, remplacés par ceux-ci : *A l'Être Suprême*, et on lisait sur les murs de beaucoup d'édifices publics cette phrase prononcée par Robespierre, dans la séance du 17 pluviôse an II : *Le principe du gouvernement démocratique, c'est la vertu.*

C'est dans cette phrase nouvelle que nous retrouvons la comtesse Marguerite à Versailles et sous les arbres du jardin de l'avenue du Thiers : elle y est rentrée avec joie et tristesse, deux sentiments qui marchent souvent d'accord.

C'était le *décadi Fête du Bonheur;* tout Versailles célébrait le Bonheur, ce jour-là, mais avec une certaine modération dans l'enthousiasme. Des affiches municipales, naïvement rédigées en style d'églogue, invitaient les citoyens à être heureux jusqu'au coucher du soleil, et les figures des passants essayaient de se conformer aux exigences du programme. Cela rappelait les vers du poëte italien. qui disent que tout le bonheur de certaines gens consiste à nous paraître heureux.

Hélas! en France, il est plus facile de décréter la victoire que le bonheur! Pourtant, au milieu des tempêtes politiques, si un éclair de calme vient à luire, on le saisit au vol avec transport, comme le naufrage, englouti sous les vagues, profite avidement de la minute qui le voit surnager pour ouvrir ses lèvres à la fraîcheur de la respiration.

Mme de Pressy, malgré son peu de foi dans les programmes révolutionnaires, retirait pourtant, elle aussi, quelque soulagement intérieur de cette fête publique.

— Et puis, se disait-elle en essayant de se tromper, qui sait si même ces fausses apparences de tranquillité ne sont pas de vrais symptômes d'amélioration sociale? On a déjà fait beaucoup de mal; mais ceux qui l'ont fait ne demandent pas mieux que de s'arrêter et de faire oublier leur passé par leur avenir. Il est impossible de croire que des hommes aient conçu le dessein d'établir les échafauds en permanence, d'inonder de sang les places publiques, et de remplir de victimes toutes les prisons. Le mal a fait son temps, le bien arrive.

Et la jeune femme, après s'être livrée à ces réflexions, s'épanouit dans sa joie, un seul instant, mais c'était beaucoup; elle avait entrevu la vie.

Elle quitta le jardin avec l'intention de venir se placer derrière les persiennes du salon de rez-de-chaussée, pour voir passer le monde des heureux officiels dans l'avenue du Thiers; car la fête se célébrait spécialement sur la pelousse de Satory, à l'endroit même où se font aujourd'hui les courses de chevaux.

Comme elle entrait dans ce salon qui lui rappelait la terrible scène de Claude Mouriez, son pied, déjà levé pour atteindre le mur de la fenêtre, s'arrêta, comme si un reptile se fût montré tout à coup.

C'était tout simplement une lettre qui paraissait avoir été lancée à travers les lames de la persienne, et qu'éclairait par hasard un rayon de soleil.

Une lettre tombé sur le parquet d'un salon ne semble pas, au premier abord, une chose effrayante, et pourtant la comtesse de Pressy tressaillit convulsivement et regarda ce morceau de papier avec une sorte d'effroi : les circonstances peuvent donner aux choses les plus insignifiantes une haute valeur.

5 6

Madame de Pressy regarda quelque temps cette lettre
mystérieuse sans oser l'effleurer de la main ; elle essayait
de lire, à distance, l'adresse, qui était écrite en lettres
menues, et avec une encre blanchâtre comme celle
qu'on trouve dans les auberges. Enfin, la jeune femme
se voyant seule, crut faire un acte viril de courage en
prenant la lettre pour la regarder de plus près.

Ce papier lui brûla la main, et elle le laissa tomber
comme un tison.

Elle avait reconnu l'écriture d'André Chénier.

— C'est lui ! c'est bien lui ! se dit-elle ; et comment
a-t-il découvert ma demeure? Il avait quitté la France,
m'a-t-on dit, et comment a-t-il pu supposer en pays
étranger que je pouvais rentrer dans cette maison,
sous les yeux de Claude Mouriez ! A-t-il appris la destitution de Claude?... Mais aucun journal n'en a parlé...
probablement, il a laissé à quelque ami le soin de sur-
veiller ma vie... Et s'il a fait cela... oh ! c'est qu'il
m'aime toujours ; c'est qu'il m'a toujours aimée, dans
sa muette délicatesse d'homme d'élite ! On ne fait sur-
veiller de loin que les femmes qu'on aime bien !

Mme de Pressy reprit la lettre, et avant de l'ouvrir
elle regarda ce qui se passait au dehors, mais avec la
précaution de la femme qui veut voir sans être vue.

Les allées lattérales et la chaussée de l'avenue étaient
remplies de promeneurs ; mais la comtesse n'y découvrit aucune figure connue. Cette foule paraissait calme
et jouissait de son décadi avec assez de bonheur, comme
d'un dimanche retardé de trois jours.

Et la comtesse Marguerite rompit la cire de la lettre
avec des doigts tremblants, et elle lut ce qui suit :

          « Madame,

    » J'ignore complétement, au fond de ma solitude,
si je puis vous rendre une visite sans blesssser les con-
venances ; mais je sais bien que si votre nouvelle posi-

tion vous permet d'exaucer un désir qui est une prière, ce jour ne sera pas pour moi indigne du nom de la fête qu'on lui a donné par un décret de la Convention.

» ANDRÉ.

» Passy, rue Basse, 15. »

Ce billet avait une obscurité transparente et il autorisait une réponse, parce qu'il avait l'air de ne rien demander.

Ne comparons jamais ce qui se fait aux époques calmes avec ce qui se fait aux époques orageuses, nous nous exposerions à commettre trop d'erreurs. La comtesse n'hésita pas un instant : elle monta tout de suite à sa chambre, et prenant une plume, elle écrivit une réponse, sans prendre les précautions usitées en pareil cas, c'est-à-dire sans combiner et réunir quelques-unes ; de ces phrases nébuleuses qui toujours mécontentent, par leur politesse préméditée, celui que les reçoit.

Voici le billet de la comtesse ;

« Demain à midi deux femmes attendent M. André devant le bassin de Latone ; l'une d'elle serrera la main du poëte avec le plus grand plaisir. »

Ce billet fut porté le jour même au domicile désigné, par Denis, le fermier toujours fidèle.

Ensuite la comtesse, qui avait le cœur trop plein de joie pour la garder toute pour elle, courut rejoindre dans le jardin la bonne Angélique, devenue son amie depuis longtemps, car dans les malheurs de ces époques, c'était la vieille fidélité qui suprimait les distances et les titres entre maîtres et serviteurs, et non point l'article d'une loi.

Angélique apprit donc tout ce qui venait de se passer, et dit en souriant : Me permettez-vous, madame, de vous dire franchement ce que je pense?

— Eh ! sans doute ! — dit la comtesse d'un ton assez gai — si je vous confie, Angélique, ce qui vient de m'arriver et ce que je viens de faire, c'est pour savoir si vos réflexions s'accorderont avec les miennes : ainsi ne craignez rien, dites tout ce que vous pensez; vous ne m'offenserez pas.

— Bien ! madame ; puisque vous m'autorisez à tout dire, je vais abuser de votre permission...

— Abusez, Angélique.

— Vous allez voir, madame... Eh bien ! je vois d'ici marcher les événements... Lorsque votre débit de veuve sera légalement expiré, vous prendrez un troisième nom de mariage, et...

— Angélique — dit la comtesse en interrompant — voilà précisément la seule chose qui n'aurait pas dû sortir de votre bouche...

— Mais, madame, je vous avais prévenue...

— Oui, c'est vrai... et au fond votre remarque, ma bonne Angélique, ne m'étonne point; tout le monde, après y avoir été autorisé, l'aurait faite à votre place... excepté vous, pourtant.

— Ah ! permettez, madame, je ne comprends pas bien votre idée; veuillez bien me donner une explication.

— Réfléchissez au moment — dit Marguerite avec tristesse.

— Oui, madame, j'ai réfléchi... et longtemps... Ce n'est pas aujourd'hui seulement que cette idée m'est venue... Voyons ! qu'y a-t-il là d'extraordinaire ?... Ce jeune homme vous aime... et de quel amour ! ceux-là n'aiment pas comme les autres ! Il vous a aimée veuve d'abord, puis il s'est retiré devant M. de Pressy; il a même complètement disparu. Voilà du réel amour, parce qu'il est uni au respect. Après, Dieu veut que vous soyez encore dans votre liberté du veuvage. Eh bien ! ce jeune homme vous prouve qu'il ne vous a jamais oubliée; et, à coup sûr, il arrive avec les plus honnêtes intentions devant la veuve du comte de Pressy.

La comtesse Marguerite secoua tristement la tête, craisa les bras sur le sein, et d'une voix pleine d'émotion et de larmes, elle dit :

— Angélique, mon amour est fatal ; je suis deux fois, veuve, mais pas deux coups de foudre. Ceux qui m'aiment semblent être destinés à périr de mort violente. Je veux voir encore une fois André Chénier, mais ensuite... oh ! je ne le reverrai plus ! Mon amour est fatal, croyez-le bien, Angélique !

— Comment pouvez-vous parler ainsi, madame? — dit Angélique en croisant les mains — vous offensez Dieu !

— Angélique, dit la comtesse, je n'offense que moi-même, et je redoute demain, si on m'y oblige, je redoute d'offenser André Chénier.

XXXIII.

Aux jardins de Versailles.

Dans l'été de 1794, les jardins de Versailles et la façade qui les regarde avaient, eux aussi, une physionomie révolutionnaire que n'aurait jamais prévue leur royal fondateur. Les fenêtres du château, malgré la beauté de la saison, étaient hermétiquement close sur toute la ligne et annonçaient un propriétaire absent ; le sable ne s'aplanissaient plus sur les allées ; des fleurs sauvages se hérissaient partout, comme des protestations végétales qui accusaient la symétrie de Le Nôtre ; les tritons, les naïades, les néréides ouvraient des lèvres arides sur des bassins sans eaux ; les dieux et les déesses portaient au front des couronnes d'immortelles, mais rien n'avait enlevé à ces jardins les magnificences de verdure et l'éclat somptueux que leur donnent le soleil et l'été.

Chénier devança l'heure indiquée par le billet de la comtesse, et pour dévorer les minutes séculaires de l'attente, il murmura des vers au milieu de cet Olympe de marbre qui le regardait du haut de ses piédestaux.

Il n'y avait donc en ce moment autour du poëte qu'un peuple de marbre, immobile témoin de tant de scènes formidables, et qui semblait sourire enfin à une scène d'amour depuis quatre ans attendu sous les arbres de ces beaux jardins.

Le poëte entendit sonner midi, et ses regards ne quittèrent plus la haute terrasse, et pour mieux dire l'horizon où l'autre soleil de ce jour allait se lever, dans une immense ligne de fleurs.

Un peu après le coup de midi, deux femmes parurent

devant l'Andromède de Puguet; celle qui marchait la première s'arrêta devant le chef-d'œuvre secoua tristement la tête. Quoique placé à une assez grande distance, Chénier devina la pensée de la comtesse qui saluait avec mélancolie une femme enchaînée au roc, victime que venait délivrer un poëte aventureux monté sur l'hippogriffe. C'était le mythologique symbole de ce moment.

Avec cette aisance que les femmes ont toujours dans les moments difficiles, madame de Pressy aborda Chénier, qui était, lui, pâle et muet comme le dieu Vertumne, son plus proche voisin.

Angélique salua de loin le poëte et n'avança plus.

La comtesse serra les mains du poëte et lui dit :

— Est-il nécessaire d'ajouter que je vous revois avec un plaisir qui ressemble au bonheur ?

— Non, madame, dit Cénier ; n'ajoutez rien, vous êtes venue.

— Avez-vous douté, monsieur ?

— Si un malheur m'eût attendu, je n'aurais pas douté, madame.

— Je n'ai pourtant rien d'heureux à vous annoncer, monsieur Chénier.

— Vous êtes venue, madame, cela me suffit. On ne doit pas être exigeant dans ses souhaits, à l'époque où nous vivons.

— Monsieur Chénier — dit la comtesse en invitant le poëte à s'asseoir à côté d'elle, sur un banc de pierre — comment avez-vous découvert ma retraite ?

Cette demande fut faite avec ce brusque changement d'organe qui veut mettre la conversation sur un ton familier.

André ne répondit pas tout de suite, sa vive émotion lui ôtait sa présence d'esprit.

— Madame, dit-il, c'est par le plus grand des hasards... je quitte souvent Passy où je demeure... pour venir faire quelques visites à Versailles... et je descends à l'auberge de la *Lyre d'Apollon*...

— Un poëte ne peut pas choisir une autre auberge — interrompit la comtesse en souriant.

— Et c'est là, continua Chénier, que j'ai entendu dire que la citoyenne Pressy était rentrée à Versailles... alors, j'ai écrit au hasard.

— Vous êtes bien ému dit Marguerite, en vous expliquant sur un fait aussi simple...

— C'est que, madame... ce fait si simple m'a rappelé une maison où j'ai passé le dernier de mes plus beaux jours... J'aurais pu vous écrire plus tôt, mais avant de hasarder une lettre, je voulais être certain que vous habitiez seule cette maison... seule avec Angélique.

La comtesse regarda fixement Chénier, et après quelques instants de silence, elle dit :

— Vous ignorez donc, monsieur Chénier, le malheur qui a frappé la comtesse de Pressy ?

— Quel malheur ? — demanda le poëte en pâlissant.

— Ah ! vous l'ignorez ! — poursuivit la comtesse — Eh bien ! la Vendée, qui a déjà dévoré tant de nobles existences...

La jeune femme s'arrêta, et deux larmes brillèrent sur ses joues.

— Le comte de Pressy ! s'écria Chénier en se levant à demi et avec un accent où toutes les émotions venaient se confondre.

— Ne prononcez pas ici ce nom imprudent ! dit la jeune femme en le retenant par la main. Ces statues ont des oreilles de chair peut-être !

— Mort ! dit André comme s'il eut parlé à lui-même.

— Et il y a déjà bien longtemps ! — continua la comtesse — si mon mari vivait, je ne serais pas ici, monsieur Chénier.

Un long silence se fit après ces paroles ; les deux interlocuteurs devinrent muets et leurs yeux restèrent fixés sur le gazon et l'allée; on eût dit qu'il y avait deux statues de plus dans les jardins de Versailles.

Chénier rompit le premier le silence.

— Après avoir entendu cette triste nouvelle, dit-il, je n'ai plus que deux choses à faire : vous remercier de l'entretien que vous m'avez accordé ce matin, et m'éloigner ensuite pour respecter votre douleur.

— Monsieur Chénier — dit la comtesse d'une voix amicale — vous agirez selon votre volonté... Vous êtes libre de partir; mais je crois n'avoir rien dit qui puisse vous faire croire que cet entretien était déjà trop long pour moi.

— Madame, dit Chénier, ce que je viens d'apprendre bouleverse toutes mes idées... et vraiment, tout ce que je pourrais dire maintenant ne serait plus qu'un mensonge de lèvres et une contradiction de l'immuable vérité de mon cœur... Aussi, j'aime mieux m'éloigner...

Chénier se leva dans une agitation convulsive.

— M. Chénier — dit la comtesse en se levant aussi et en rajustant les plis de sa robe comme pour se donner une contenance pendant la remarque téméraire qu'elle allait hasarder — M. Chénier, je ne finirai jamais un entretien sur une énigme. Vos dernières paroles sont très-nébuleuse, et je vous invite à les éclaircir.

— Vous l'exigez, madame ?

— Je ne l'exige pas ; j'invite.

— Eh bien! madame, mes paroles si obscures veulent dire ceci en langage clair... Du vivant de votre mari, j'aurais été toujours heureux de vous voir un seul instant, d'entendre un seul mot sorti de vos lèvres, mais jamais je n'aurais rien dit des choses secrètes qui sont en moi. Je suis encore de ceux qui ont le respect du mariage; mais à présent, ces scrupules ne peuvent plus me retenir. Vous êtes veuve vous êtes libre, et je regar-

derais comme perdus et menteurs tous les moments que
je ne consacrerais pas à vous dire les trois mots inventés
par le cœur.... Je vous aime.

La comtesse ouvrit son ombrelle et la laissa tomber du
côté d'André Chénier.

Dieu seul vit l'expression de sa céleste figure en ce
moment.

La brise qui se lève à midi, dans l'été, courut dans les
beaux arbres de Versailles et leur donna des murmures
charmants ; on eût dit que la voix du poëte ressuscitait
toutes les extases de la tendresse sous ces voûtes de ver-
dures sombre, où le hommes d'un autre siècle avaient
si bien vécu et tant aimé !

— Monsieur Chénier, dit la comtesse avec une émotion mal déguisée, l'aveu que vous me faites... je ne
l'attendais point... mais j'ose ici parler sans dissimulation... les circonstances excusent tout... Ah ! mon Dieu !
vivrons nous demain ?... Chénier votre amour m'honore, et j'en suis fière, s'il m'est défendu d'en être heureuse.

Chénier rayonna de joie et joignit ses mains comme
dans une prière devant une sainte image.

— Madame, dit-il, permettez-moi, à mon tour, de
vous demander le sens clair de cette dernière parole...
Il vous est défendu d'être heureuse de mon amour ?

— Poëte, dit la jeune femme avec tristesse, cela n'a
point de sens... je n'ai rien dit.

— Au nom du Ciel ! madame, je vous conjure de
parler...

— Chénier, continua la comtesse, vous souvenez-
vous de notre première entrevue à l'hôtel de la Tour
d'Aigues à Aix.

— Chaque jour je m'en souviens.

— C'est la première fois, Chénier, que je vous parlai
de mes pressentiments et de mes visions... toutes cho-

ces que le vulgaire traite de folies !... Eh bien ! toujours l'avenir a donné raison à mes pressentiments...Chénier ! ne me demandez pas mon amour, au nom du Ciel !.... cet amour vous serait fatal !

— Voilà un mot, madame, que je ne comprends plus — dit Chénier avec feu. — Ce mot n'appartient plus à cette époque où nous vivons. La fatalité, c'est le bien de tous ; c'est un patrimoine commun ; nos pères l'ont légué à la génération présente... tout à l'heure vous l'avez dit vous-même : *Vivrons-nous demain?* Oui, cela est juste, et ce doute nous fait un devoir de vivre aujourd'hui.

— Non, Chénier, non... assez de deuil sur moi, assez de deuil ! laissez-moi être fière de votre amour, et redoutez le mien !... c'est la mort.

— Madame, écoutez... écoutez... Il y eut, au siècle dernier, un grand peintre, Antoine Van Dyck, qui a dit un mot sublime... Il aimait la comtesse Brignole, et il l'aimait sans doute comme je vous aime. Le comte Brignole, son mari, la conduisait par la main dans la grande nef de San Lorenzo, où le mariage venait d'être célébré... Van Dyck, appuyé contre un pilier, regardait le comte, et, serrant le bras de son ami, il lui dit avec une expression ineffable: « *Ma vie pour un quart d'heure de cet homme!* » Van Dyck avait raison.

La comtesse préparait une réponse en regardant les fleurs sauvages de l'allée, lorsqu'Angélique parut tout à coup et dit :

— Madame, il y a là des hommes à mine suspecte, et je voudrais bien me tromper, mais, voilée par un taillis, j'ai entendu distinctement prononcer le nom de Chénier et de la *Lyre d'Apollon*... Je suis toute tremblante...J'ai voulu voir ceux qui avaient parlé... Je les ai vus... ils ont passé devant moi... Quelles figures !... Ce sont des hommes de la police secrète... Ne vous mon-

Chénier tira un poignard et regarda du côté qu'avait désigné Angélique. Cachez votre poignard, Chénier, dit Marguerite ; que feriez-vous contre quatre hommes armés !

— Laissez-moi seul, dit André ; laissez-moi seul... Si je suis arrêté par ordre de Fouquier-Tinville, au nom du Ciel ! que ces sbires ne vous trouvent pas avec moi!... vous seriez perdue aussi !

— Chénier, je ne vous quitte pas ! — dit la comtesse d'un ton résolu — je suis fière de votre amour, et si je meurs avec vous, je serai fière de ma mort.

— Mais dit Angélique vous pourriez encore vous dérober à leurs regards... Ces gens-là ont fait un petit détour dans cette allée... Gagnez la rotonde des Fontaines, là, vis-à-vis, et vous vous sauvez par l'autre côté des jardins.

— Venez, Chénier dit la comtesse en lui présentant son bras. — Eh bien ! est-il fatal, mon amour ?

XXXIV.

UN AMI.

Dans cette terrible situation, André Chénier n'avait ntendu et ne se rappelait que les derniers mots de la omtesse : *Mon amour vous est fatal !* ou pour mieux dire, l ne se souvenait que des deux premiers.

Le poëte bénissait ce périlleux hasard qui venait d'aracher un aveu au cœur de la jeune femme, et fort de et amour, révélé dans une confidence suprême, il ne edoutait plus rien des sanglantes menaces de l'avenir.

Ce côté des jardins de Versailles, qui aboutit à l'esalier des Géants, était complètement désert ; les deux igitifs traversèrent la rotonde des Fontaines, muette lors comme l'urne d'une naïade épuisée, et se dirigèent vers l'aile gauche du château.

Angélique avait reçu, par un geste significatif, l'ordre e rester en arrière et d'observer les mouvements des nquisiteurs.

André Chénier ne regardait que la comtesse Margueite, et se laissait entraîner par elle dans une course rùlante ; s'il eût été maître de deux volontés, il n'auait pas songé à fuir ces délicieux ombrages, où les enretiens de l'amour ont des paroles d'une ineffable doueur ; mais il fallait obéir à la violente impulsion de ette femme, qui ne voyait que le salut de Chénier avant out.

Ce fut avec un vif serrement de cœur que le poëte ortit des voûtes sombres des allées, et découvrit le rand escalier, tout rayonnant de la lumière du soleil.

— Maintenant, dit Marguerite, ne nous trahissons

pas ; marchons d'un pas ordinaire, afin de n'éveiller aucune attention.

En disant cela, elle laissa tomber son voile vert, non pas pour cacher sa figure, mais pour cacher sa beauté, car la terrasse du château n'était pas déserte comme l'allée du parc.

Ils traversèrent la voûte du château, et descendirent du côté de la ville, à droite, dans le quartier de l'église Saint-Louis. De là ils se dirigèrent vers l'avenue du Tiers, et, traversant la chaussée, ils gagnèrent le massif d'arbres qui protégeait l'entrée du souterrain.

Ils avaient donc atteint cet abri sauveur et déjoué toutes les poursuites. Le souterrain traversé, la comtesse prêta l'oreille, en collant sa tête contre le panneau de séparation, pour s'assurer que sa maison était déserte, avant d'y entrer, et aucun bruit n'arrivant jusqu'à elle, le panneau secret fut ouvert, et ils pénétrèrent dans le premier salon.

— Il ne faut pas nous abuser, dit Marguerite, cet asile ne nous offre que la sécurité d'un moment. Songeons à trouver mieux.

André Chénier regardait la jeune femme avec une émotion qui n'empruntait rien aux périls de l'heure présente ; son visage exprimait l'angélique sérénité des élus du Thabor. — Ce lieu est bon, semblait-il dire ; fixons ici notre tente. Pourquoi changer, quand on est bien ?

La comtesse devina la stoïque pensée du poëte, et lui serrant vivement la main, elle lui dit :

— Vous comprenez bien que vous ne pouvez rester ici. Les limiers ont l'intelligence de leur profession. L'aubergiste de la *Lyre d'Apollon* sera interrogé. En pareil cas, on est trahi par les moindres indices. Allons au devant de toutes les trahisons, comme de toutes les imprudences, et s'il nous reste une heure de calme, ne l'employons pas à la perdre, comme des enfants.

— Une heure ! — dit Chénier avec une voix qui murmurait toutes les mélodies de la tendresse — une heure ! quel beau siècle avant de mourir.

— Chénier — dit la comtesse vivement — je ne veux pas vous perdre, moi ; mon devoir est de vous sauver, de vous sauver malgré vous... et même malgré moi !

L'émotion couvrit ces dernières paroles, dont le véritable sens ne fut pas tout de suite compris par le poëte.

— Mais écoutez-moi, Marguerite, dit Chénier, je crains de ne plus vous revoir si je vous quitte aujourd'hui. Et si je ne vous revois plus, que ferais-je de cette vie que vous m'aurez sauvée !

— Chénier, je vous jure dans cette heure si solennelle pour nous deux, je vous jure que nous nous reverrons; je vous jure... que je serai à vous... mais obéissez à mon amour... quand je vous dis cela, c'est que je sais trop bien ce que je dis... ici, vous serez découvert... c'est dans cette maudite auberge que j'ai trouvé les clés de ma maison... chacun de nos pas aujourd'hui est une imprudence; pourquoi ai-je pris ces clés dans cette auberge !... Au reste, si on eût évité cette faute, on en eût commis une autre. Toute chose est une faute de conduite au temps où nous vivons... On ne sait comment vivre pour vivre !... Ma tête brûle... je suis folle... Chénier... vous le savez... j'ai des pressentiments infaillibles... il y a du sang autour de nous !... ne soyez pas sourd !... Aimez-moi comme je veux être aimée... En esclave, dans vos moments d'infortune ; en maître, quand vous serez heureux !

La jeune femme était dans une exaltation séraphique ; sa figure rayonnait ; ses yeux avaient des reflets sibillins ; son geste superbe aurait mis des rois à ses pieds.

Chénier, ivre de joie, se prosterna devant elle, et baisant la poussière qu'elle venait de sillonner, il lui dit :

— Parlez, je suis tout à votre volonté sainte. J'obéis...

— Sur-le-champ, il faut partir pour Viroflay, dit Marguerite ; vous connaissez la ferme de Denis ; là, vous prendrez un déguisement, et personne ne pourra vous découvrir dans cette retraite. De là, vous pourrez écrire à votre frère...

— Oh! Marguerite, il ne m'est pas permis de compter sur mon frère ; son crédit est perdu, depuis la chute du club des Cordeliers ; depuis la mort de Camille Desmoulins. Qui sait même si, à cette heure, ce pauvre Marie-Joseph lui-même n'est pas mis hors la loi ? Toutes les voix généreuses des meilleurs patriotes sont éteintes. Avez-vous lu, l'autre jour, dans les papiers publics, la fière apostrophe de Robespierre jeune contre Hebert ?

« C'est toi, lui a-t-il crié, c'est toi qui a fait soulever les populations, en attentant à la liberté des cultes! » Hebert à regardé Robespierre jeune, de cet air qui promet la mort, et Robespierre a cru devoir s'élancer à la tribune pour prononcer un discours fort adroit, afin de réconcilier son frère avec le terrible Hebert ; et il n'a réussi qu'à moitié, lui, le dictateur suprême! et vous voulez que mon frère Marie-Joseph puisse me sauver si on demande ma tête! Oui, je sais bien que mon frère viendra se jeter entre mes juges et le bourreau, quand j'aurai les mains liées, mais jamais je n'implorerai son secours, d'abord parce qu'il serait inutile, ensuite parce qu'il s'exposerait lui-même à une vengeance de mort. Ce n'est pas moi, Marguerite, qui doit pousser mon frère à une démarche vaine pour moi et peut-être mortelle pour lui.

— Eh bien! André, si cela est ainsi, n'appelez personne à votre secours, et restez dans une retraite sûre. Le mal est arrivé à son comble. Le bien est à l'horizon du levant, comme le soleil avant l'aube ; avec un peu de prudence encore, vous pouvez attendre l'aurore promise ; partez tout de suite. Croyez-moi... Oui, je lis

otre pensée dans vos yeux, et je vais répondre à une
uestion muette. Vous comptez sur le souterrain de cette
aison, n'est-ce pas?.,.. Eh bien! oui, c'était un asile
utrefois, il y a un an; aujourd'hui il n'y a plus de se-
rets dans les murs, dans les plafonds, sous les plan-
hers. Les visiteurs domiciliaires se sont éclairés dans
ur profession. Ils sondent tout, ils découvrent tout;
ersonne n'ose plus se confier à ces asiles que la terreur
fait inventer, et que l'expérience a fait découvrir.
insi mon poëte, ne cherchez pas le salut où il n'est
as; il est à la ferme de Viroflay; partez sur-le-champ.
ous nous reverrons, je vous le jure...

— Marguerite, dit Chénier, j'irai partout, je suivrai
vec docilité l'indication de votre main, si vous me
romettez de venir visiter la retraite de votre proscrit.

— Je fais plus que promettre, je le jure, Chénier...
emain, nous nous reverrons à la ferme de Denis.

— Je pars! s'écria le poëte avec l'accent de l'exal-
ation.

— Maintenant, dit la comtesse, le souterrain nous
era encore utile, pour cacher votre fuite jusqu'à l'en-
rée du bois. Venez, ne perdons pas de temps.

La comtesse fit jouer le ressort, le panneau du sou-
errain se rouvrit, et ils descendirent, la main liée
troitement à la main, et sans ajouter une parole, jus-
u'à l'autre issue ouverte à l'extrémité. Là, le poëte,
osant un pied sur la première marche de l'escalier sou-
errain, et l'autre pied sur l'herbe du bois, embrassa
larguerite, et obéissant au geste amicalement impé-
ieux, il s'élança sous l'épaisse voûte des grands arbres,
es protecteurs éternels de tous les proscrits.

André suivit un chemin bien connu, et qui lui rap-
elaient d'autres heures plus douces, mais qui étaient
ans avenir; cette fois, du moins, au bout de l'épreuve,
l voyait rayonner le bonheur.

5

On était dans les plus longs jours de l'année ; quoique bien du temps eût été perdu, Chénier arriva devant la porte de la ferme bien avant le coucher du soleil ; il sonna et un inconnu vint ouvrir. — Que demandez-vous ? dit-il d'un ton qui n'excitait pas la confiance.

— Le fermier Denis — répondit Chénier en jetant un regard circulaire dans l'intérieur du jardin. — Me serais-je trompé, par hasard ?

— Oui, citoyen, dit l'inconnu. Denis a vendu sa ferme il y a neuf mois au citoyen Barras.

— Et où demeure-t-il aujourd'hui, Denis ? demanda Chénier.

— Ah ! voilà ce que je ne sais pas. Je n'ai jamais été son garçon de ferme.

Et la porte se referma assez brusquement sur le visage d'André Chénier.

Le jeune proscrit demeura quelque temps dans l'attitude de cet homme touché par la foudre, dont parle Ovide, et comme il fallait prendre une résolution avant le coucher du soleil, la première pensée qui lui vint à l'esprit parut la meilleure : Chénier reprit le chemin de Versailles, mais en se promettant bien d'être prudent, pour obéir aux intentions de madame de Pressy.

Il était encore grand jour lorsque le poëte arriva dans le massif des arbres du souterrain, mais il se serait bien gardé de tenter une entrée par là, de peur de déplaire à la comtesse. Il attendit la nuit, et quand les ténèbres vinrent protéger les tentatives les plus hasardeuses, il descendit la chaussée de l'avenue du Tiers, et, lançant un regard à la maison de Mme de Pressy, il ne vit briller aucune lumière dans l'intérieur, ce qui ne l'étonna que peu, parce que, se disait-il, elle est probablement avec Angélique du côté du jardin.

Il continuait sa marche vers la ville, lorsqu'il aperçut à un des angles de l'avenue, quelques groupes de curieux stationnaires et causeurs, comme ou en voit toujours encore la nuit sur la place où un événement s'est passé pendant le jour en temps de révolution : les curieux se perpétuent à l'infini après que le sujet de la curiosité a disparu. Presque toujours même les curieux sont la semence des émeutes.

Chénier prit une démarche nonchalante, et dissimulant sa taille et son maintien habituel, il se mêla au premier groupe de ces curieux. On disait entre plusieurs interlocuteurs :

— On n'a rien trouvé du tout, citoyen, rien du tout ; je le sais bien, moi, j'ai suivi la visite domiciliaire.

— Eh bien ! moi, je te dis qu'on a trouvé deux femmes ex-nobles.

— Oui, mais ce n'est pas ce qu'ils cherchaient...

— Ah ! et que cherchait-on ?

— Un aristocrate.

— C'est pas vrai ; on ne cherchait pas un aristocrate... on cherchait un journaliste, celui qui a fait le fameux supplément du n° 13.

— André Chénier !

— Tout juste !

— Eh bien ! ce n'est pas un aristocrate, André Chénier ?

— Non, c'est un auteur, et l'ami de Roucher.

— Mais un auteur aristocrate. Il faisait l'*Ami des lois* et des tragédies.

— Et on n'a rien dit aux deux femmes ex-nobles ?

— Ce ne sont pas des ex-nobles ; on ne pouvait leur rien dire ; ce sont des citoyennes comme tout le monde, et qui n'ont fait du mal à personne.

— Alors, pourquoi a-t-on visité la maison de ces citoyennes ? on a violé la Constitution.

— Tu crois toujours qu'on viole la Constitution, toi !

On a su que le journaliste André Chénier avait habité
cette maison; c'est l'aubergiste de la *Lyre d'Apollon* qui
l'a dit; et on a fait une visite domiciliaire. Tu vois bien
que tu ne sais pas ce que tu dis quand tu dis qu'on a
violé la Constitution.

Cet entretien en plein air se prolongeait; mais André
Chénier avait appris tout ce qu'il voulait connaître. Un
nom venait d'être prononcé à ses oreilles, et ce nom le
rappela soudainement à d'autres devoirs, à des devoirs
qui font même oublier l'amour dans un noble cœur...

— Pauvre Roucher! — se dit-il en prenant une résolution énergique — et moi qui l'oubliais! Courons à
lui; un pareil malheur le menace, sans doute : il a été
mon complice... ô mon Dieu! donnez-moi le temps de
le sauver!

XXXV.

L'INNOCENT DÉLATEUR.

En arrivant, l'ami ne trouva plus l'ami, Roucher avait disparu. Le doute même était impossible ; André Chénier comprit que le poëte des *Mois*, que le rédacteur du *Journal de Paris*, que son complice d'innocence était déjà plongé au fond d'un de ces cachots d'où on ne sortait que pour mourir.

Aussi, ce ne fut point pour éclairer un doute, mais pour pleurer avec un autre ami sur une réalité désolante, qu'il courut à Passy, chez M. de Pastoret, et jamais inspiration ne seconda mieux la fatale destinée d'un homme! La maison de M. de Pastoret subissait en ce moment une visite domiciliaire, dirigée par le citoyen Guénot. Cet intelligent perquisiteur avait ordre d'arrêter, chemin faisant, toutes les personnes suspectes.

Ainsi le voulaient Fouquier-Tinville et Collot-d'Herbois, ces ennemis de tout le monde et d'eux-mêmes, ces deux dictateurs assis sur le trône du bourreau et dominant alors Robespierre lui-même. Collot-d'Herbois s'était constitué le pourvoyeur de la guillotine, et il n'accordait à personne le droit de s'associer à lui dans ce travail ; cela se comprend : cet homme avait d'anciennes vengeances à exercer et de nombreux attentats contre sa personne à punir: n'ayant jamais connu ses ennemis, il trouva le secret de les exterminer tous en exterminant tout le monde. Collot-d'Herbois avait été longtemps sifflé au théâtre, d'abord comme mauvais auteur, ensuite comme mauvais comédien, dit-on.

Cette longue et double série d'affronts publics était fixée dans sa mémoire, et les serpens des furies dramatiques déchiraient sans cesse de leurs oreilles cet Oreste de la Terreur; pour lui, tous les hommes étaient suspects, et surtout soupçonnés de l'avoir sifflé dans quelque parterre, avant 89... L'histoire ne s'est jamais suffisamment appesantie sur les causes secrètes qui amènent certains hommes politiques à d'insatiables vengeances. En passant, nous avons expliqué Collot-d'Herbois, ce tyran de Robespierre et de la Convention (1).

Le citoyen Guenot, l'émissaire de Collot-d'Herbois, vit tout-à-coup arriver chez M. de Pastoret un jeune homme au teint nerveux, au maintien résolu, à l'œil de flamme, et il reconnut tout de suite un incontestable ennemi du comédien Collot-d'Herbois :

— Ton nom ? lui dit-il.

— Que voulez-vous en faire ? demanda Chénier, au lieu de répondre.

— Réponds, ou je t'arrête.

— Eh bien ! dit Chénier, c'est par respect pour moi que je te dirai mon nom, car je n'ai pas l'habitude de le cacher, parce qu'il est honorable. Je suis André Chénier.

— Le journaliste ?

— Oui.

— L'écrivain ?

— Oui.

— L'ennemi de la liberté ?

— Non; tu mens.

— N'as-tu pas écrit le supplément du nº 13 ?

— Oui; je ne le rétracte pas.

(1) Couthon, Collot-d'Herbois et deux ou trois autres de cette espèce, avaient commis clandestinement de petites œuvres de théâtre, fort maltraitées par le public, ou s'étaient montrés incognito sur les planches — indè iræ.

— N'as-tu pas écrit contre Collot-d'Herbois et Fouquier-Tinville ?

— Pas assez.

— Je t'arrête au nom du tribunal révolutionnaire.
Tu es suspect.

— Je ne crains rien, je suis innocent.

— Le tribunal révolutionnaire et le citoyen Collot-
d'Herbois ne reconnaissent aucun innocent dans tous
ceux qui sont suspects.

Guénot écrivit un ordre, le remit à un agent ; deux
hommes armés, qui n'étaient pas des soldats pour l'honneur de l'uniforme républicain, s'emparèrent violem-
ment de l'illustre poëte ; on le fit monter dans une petite
voiture, et il fut conduit à la prison du Luxembourg.

Le geôlier de cette prison reçut l'ordre en murmu-
rant, comme un hôtelier qui est accablé de locataires,
et rendit le papier en disant qu'il n'était pas en règle.
L'agent insista, en faisant sonner trois fois le nom du
citoyen Guénot ; mais le geôlier, qui avait sa fierté aussi,
et la conviction de son importance civique, ferma la
porte de sa geôle et la verrouilla bruyamment, sans
avoir l'air de se soucier des ordres d'écrou du citoyen
Guénot.

Pendant cette scène, André Chénier garda la plus
parfaite impassibilité.

Du Luxembourg, la voiture se dirigea vers la prison
de Saint-Lazare. Ici, la chose n'éprouva aucun obstacle.
Le geôlier ne savait pas lire, mais au nom de Guénot et
de Collot-d'Herbois, qui le faisaient vivre largement, il
s'inclina de respect, et ouvrit au poëte la route affreuse
d'un cachot.

André trouva alors au fond de son âme ces grandes
ressources qui viennent aux hommes d'élite dans les
malheurs consommés. Il avait laissé l'espoir sur le seuil
du cachot, mais son courage le suivait à travers les

grilles funèbres, et le courage seul remplace l'espoir perdu.

A cette époque, il était fort difficile de connaître l'arrestation judiciaire d'un citoyen par la voie des journaux ; le *Moniteur* gardait un silence obstiné sur les opérations des écrous, et aucun papier public ne remplissait l'énorme lacune de la feuille officielle. Il était donc impossible dans les premiers moments, d'être fixé sur le sort réel d'un parent ou d'un ami disparu. Ainsi la comtesse Marguerite, qui avait trouvé, à la porte de la ferme de Viroflay la même déception de la veille, perdit soudainement la trace d'André Chénier, surtout lorsqu'elle ne trouva pour comble de désespoir, qu'une maison déserte à la rue Basse de Passy. Sans doute, quelques personnes interrogées par elle dans cette localité, faubourg de Paris, auraient pu lui donner des renseignements ; mais la prudence et la circonspection étaient alors deux vertus assez vulgaires. Ne pas répondre paraissait un bon principe de sécurité. Le silence ne compromet pas et la parole est dangereuse aux époques de révolutions.

Madame de Pressy employa toutes les ressources de son esprit pour découvrir la retraite ou le sort d'André Chénier ; mais étant asservie elle-même aux exigences de la plus sévère circonspection, elle se trouvait resserrée, pour ses recherches, dans des limites trop étroites. Les tentatives furent donc vaines : il fallut attendre les révélations de l'avenir, cette voix qui parle tard, mais toujours, et attendre, en subissant ces angoisses fiévreuses où la résignation alterne avec le désespoir.

Un temps fort long s'écoula ; Mme de Pressy, ayant changé de nom, s'était logée, avec Angélique, dans une petite maison à Chaillot. Là, elle lisait tout ce que Paris envoyait à l'ardente curiosité de l'heure, en gazettes et en pamphlets. En ce moment, trois échafauds permanents fonctionnaient à la place de la Révolution, au centre de Paris et à la barrière du Trône (nommée barrière Renversée), mais à peine quelques noms de victimes arrivaient à la publicité. Le lendemain de ces hétacombes, un bien faible espoir soutenait madame de Pressy.

— Un homme célèbre, comme André Chénier, se disait-elle souvent, ne peut pas disparaître obscurément sur un échafaud, sans exciter autour de son cadavre un bruit de haine ou de pitié.

Il faut entrer bien profondément, non pas en historien, mais en observateur, dans les ténèbres sanglantes de cette époque, pour y découvrir le pâle rayon qui révèle le caractère des hommes et des événements. Ainsi, on demeure d'abord confondu de stupéfaction aujourd'hui, lorsqu'on lit partout qu'André Chénier avait été complètement oublié dans sa prison. Personne ne songeait à lui, même parmi ses plus rudes ennemis. Collot-d'Herbois et Fouquier-Tinville, après avoir fait écrouer le poëte illustre, n'y pensaient plus; ils étaient emportés vers d'autres haines, et dans les imaginations déréglées, chaque jour prenant les proportions d'un siècle, la veille était déjà un passé antique dont une mémoire de proconsul ne pouvait garder le souvenir. Hélas! les cerveaux humains sont trop faibles pour subir, sans altération, les orages qu'ils inventent! Voilà ce que tant d'historiens et tant d'hommes d'Etat ignorent. La plus formidable de toutes les folies, la folie du sang incruste un nuage sur les fronts; c'est Bicêtre qui gouverne alors, et les criminels comme Collot et Fouquier-Tinville, ne sont, pour l'observateur calme, que des fous furieux.

Le hasard attendu arriva. Mme de Pressy lisait un jour le *Moniteur*, et tressaillit en voyant le nom de Chénier au bas d'une lettre. Après ce nom, il y avait une adresse — rue Cléry, 97.

Aussitôt la prudence ne fut pas choisie comme conseillère ; la jeune femme prit le plus modeste des costumes et la plus bourgeoise des coiffures, imposa la même toilette à son amie Angélique, et descendit de Chaillot pour rentrer dans cette redoutable ville qui lui était interdite par une loi de mort.

Les deux femmes suivirent le Cours-la-Reine dans presque toute sa longueur, et se détournèrent, à gauche, dans les Champs-Elysées, qu'elles traversèrent pour éviter la mare de sang qui baignait la place de la Révolution.

C'était vers le milieu de juillet 1794. Paris était triste et consterné sur quelques points, et, sur d'autres, inquiet et orageux. Les boutiques paraissaient ouvertes pour la forme, ou pour donner de l'air et non des acheteurs aux marchandises. Aux marchés publics la disette était trop évidente. On devinait que toute une grande capitale ne se nourrissait que d'émotion, pain quotidien du moment.

Mme de Pressy n'accorda que des regards distraits à ce tableau d'une ville qui joue aux funérailles, rien ne pouvait la détourner de son but. Elle traversa rapidement, et la fièvre au cœur. les trop nombreuses rues qui la séparaient de la maison qui était le terme de sa course, et fut assez heureuse pour être introduite sur-le-champ dans le salon de M. Chénier.

Là, elle trouva un vieillard plus que septuagénaire : c'était le père du grand poëte.

Après une demi-heure d'entretien, tout fut dit, de part et d'autre, tout fut révélé, tout fut connu. Le vieillard serrait les mains de la jeune femme, et pleurait comme un enfant ; et en vérité depuis que la triste humanité pleure, jamais larmes n'avaient eu de plus affreuses raisons pour pleurer.

Ce malheureux père venait de dénoncer lui-même son enfant.

On avait oublié Chénier dans le fond de son cachot, et son père, honnête et fier républicain, s'était soumis à une épreuve bien dure: il avait écrit la plus touchante des lettres à Collot-d'Herbois et à Fouquier-Tinville, pour demander la grâce de son fils!

Ces deux proconsuls, qui étaient plus puissants que le dictateur, ainsi qu'ils l'ont prouvé au 9 thermidor, reçurent la lettre du père de Chénier, et frappant leurs fronts privés de mémoire, ils s'écrièrent : Comment! André Chénier existe encore! Qu'il soit tout de suite déféré au tribunal révolutionnaire! Telle fut la réponse qu'obtint le père; et maintenant, appréciez un pareil désespoir.

— Savez-vous les noms des trois juges? — dit la comtesse en fondant en larmes.

— Oui, madame, dit M. Chénier, mais ces trois juges sont trois créatures de Collot-d'Herbois; est-il possible de les attendrir? et ensuite vous avez encore neuf jurés!...

— Oh! ce ne sont pas les jurés que je crains; ce sont presque toujours des hommes; ils ont une âme et un cœur... Ils sortent du peuple, ceux-là, mais les juges sortent de Collot-d'Herbois! Ce sont ceux-là qu'il faut voir, et avec l'aide de Dieu, qui sait? on peut faire un miracle; on peut donner, pour quelques moments, un cœur et une âme à des séides de Collot-d'Herbois!

M. Chénier nomma les trois juges, et le dernier nommé fut Claude Mouriez.

— Claude Mouriez! — s'écria Mme de Pressy en joignant les mains avec exaltation — Claude Mouriez! je le connais, je vais le voir, sans perdre une minute; c'est un homme énergique et qui peut dominer ses collègues par sa parole, avec son regard... M. Chénier, ne me donnez pas le temps de réfléchir, parce que des considérations vulgaires peuvent m'arrêter, et je ne veux pas mesurer l'abîme avant de le franchir... Où demeure Claude Mouriez?... Bien! je cours à la rue de l'Echelle et que Dieu veille sur moi!

La jeune femme reprit, dans la rue, une démarche lente pour n'éviter aucun soupçon, et comme elle traversait une galerie du palais Egalité, elle entendit très-distinctement, dans les groupes, prononcer le nom d'André Chénier, ce qui lui fit ralentir encore sa marche, car elle était bien aise de savoir ce que le peuple pensait de ce malheureux jeune homme.

Ce qu'elle entendit lui donna quelque joie et une lueur d'espoir. Les parleurs publics ne témoignaient aucune irritation contre André Chénier; beaucoup même le défendaient, surtout les lettrés de la place publique. On citait aussi des vers de *Tibère*, qu'on attribuait faussement à l'auteur du n° 13; mais personne ne relevait les erreurs de cette citation. La sympathie générale paraissait acquise au malheureux prisonnier attendu par l'implacable tribunal. Il est vrai de dire que les esprits commençaient à se lasser des haines; que le tribunal révolutionnaire perdait la faveur de la populace, et que l'échafaud, acteur autrefois si couru, se voyait chaque jour abandonné par ses fervents admirateurs. Lorsque trop de sang coule, la haine s'use vite dans les pays de générosité.

Madame de Pressy arriva au milieu de la petite rue de l'Echelle dans un tel état de faiblesse, qu'elle crut devoir se reconforter par de réflexions sur la sainteté de son dévouement avant de monter l'escalier de l'ancien proconsul de Versailles. Une femme, celle que nous connaissons déjà, la gouvernante de Claude, introduisit Mme de Pressy dans le salon du maître, et la reconnaissant à travers le voile, elle s'écria :

— Vous ici, madame !

— Vous me connaissez donc ? dit Marguerite.

— Si je vous connais, si... madame ! — dit la gouvernante en souriant. — Vous avez demeuré à côté de chez nous, rue du Réservoir, à Versailles. Je vous voyais tous les jours à votre balcon, quand vous arrosiez vos fleurs.

— Eh bien ! madame — dit Marguerite avec une grâce charmante — vous savez alors que je suis ex-noble, et qu'à Paris, ma seule présence est un crime puni de mort.

— Madame, dit la gouvernante, je ne me suis jamais mêlée de ces affaires, moi ; il y a bien assez, dans la maison, de gens qui s'en mêlent, et tant bien que mal ; moi, je passe mon temps à m'occuper des miennes, d'affaires ; j'ai deux hommes à nourrir, et en temps de disette, c'est trop.

— Madame, je voudrais parler au citoyen Claude Mouriez — dit en tremblant Mme de Pressy. — Croyez-vous qu'il rentrera bientôt ? car je vois bien qu'il n'est pas chez lui en ce moment.

— Oui, madame, il est sorti... et... vous savez pourquoi... Le citoyen Mouriez est juge au tribunal révolutionnaire... il s'ennuyait... c'est un homme très-actif... il a écrit vingt lettres à Robespierre, tantôt des lettres insolentes, tantôt des lettres amicales ; et puis, il l'attendait à la porte de la Convention pour lui faire des scènes, oh ! des scènes !

Enfin, que vous dirai-je, ma belle voisine ? pour se débarrasser de lui, Robespierre lui a donné une place de juge... mais il ne vaut rien pour cet état... Donnez-vous la peine de vous asseoir, madame. Si vous voulez l'attendre, prenez un livre, une gazette, tout ce que vous voudrez... moi, je vais à mes affaires... excusez-moi.

— Et son neveu, M. Adrien Mouriez, demeure-t-il ici, chez son oncle?

— Oui, madame... et heureusement. Si M. Mouriez n'avait pas sa gouvernante et son neveu, il ne ferait que des sottises. A présent M. Adrien est au tribunal avec la foule, et il est là, comme il dit, pour y juger son oncle. Ils vont arriver tous les deux.

— Je les attends — dit Mme de Pressy.

Et elle fit semblant d'ouvrir un livre, pour rendre la gouvernante à sa liberté.

XXXVI.

LA VISITE HÉROÏQUE.

Madame de Pressy attendit plus d'une heure, et dans des angoisses mortelles, le retour de Claude Mouriez, et elle luttait avec elle-même, pour conquérir ce calme et cette présence d'esprit si nécessaires dans ces entrevues difficiles dont rien ne peut faire prévoir le dénouement.

Enfin, la porte s'ouvrit, et Claude Mouriez entra brusquement, du pas d'un maître de maison, qui n'a pas besoin de se faire annoncer : il fit un mouvement de surprise en voyant une femme voilée, et salua en élevant son chapeau un peu au-dessus des cheveux, avec une gaucherie d'écolier provincial.

La comtesse Marguerite ferma le livre, le déposa sur une table et se leva.

L'œil de Mouriez perça le voile, ses deux mains se croisèrent ; on entendit cette exclamation étouffée qui sortait de la poitrine :

— C'est vous, madame !

Claude se découvrit et murmura quelques paroles inintelligibles, mais le geste qui les accompagnait invitait poliment la belle visiteuse à s'asseoir.

En ce moment, madame de Pressy ferma les yeux pour recueillir ses pensées, et vit, comme dans un songe, le sanglant échafaud qui se dressait pour décapiter le génie. Cette horrible vision lui rendit tout son courage ; elle trouva sur ces lèvres des accens énergiques, et dans sa tête un calme et une lucidité qui lui semblèrent un secours imprévu du ciel.

Avec cette voix pénétrante qu'une mère recouvre pour arracher son enfant à la gueule des bêtes fauves, elle dit :

— Citoyen Mouriez, toute ma vie passée a disparu dans mon souvenir ; je suis née ce matin ; je ne vous connais pas ; je vous vois pour la première fois aujourd'hui. On m'a dit que votre âme s'ouvrait volontiers aux sentiments généreux, et je viens à vous chargée d'une noble mission qu'un père et un vieillard m'ont donnée. Ce soir, demain, peut-être, un jeune homme de génie et d'avenir comparaîtra devant votre tribunal ; son crime est celui de tous les innocents politiques : il est vaincu ; et si votre justice est juste, sa tête ne tombera pas.

Cette voix mélodieuse, ce visage divin, ces yeux qui ressemblaient à des diamants humides, cette grâce suprême qui entourait comme une auréole la jeune femme, rallumèrent toutes les ardeurs de la passion dans les veines de Mouriez ; il oublia ses résolutions généreuses ; il redevint le proconsul de Versailles, et dans cette âme de feu, où le mal et le bien étaient en lutte perpétuelle, les sauvages instincts éclatèrent avec une frénésie qui voulait tout dévorer.

Le sang gonfla les muscles de son col, paralysa un moment sa langue ; ce ne fut donc qu'avec un bégaiement sourd qu'il parvint à rassembler les syllabes d'une réponse.

— Madame, dit-il, quel est ce jeune homme qui a le bonheur de vous intéresser de cette manière ?

— C'est le fils d'un républicain, le frère d'un républicain : c'est André Chénier.

Un éclair de pâleur couvrit la figure écarlate de Mouriez.

— Madame — dit-il en reprenant graduellement l'énergie de sa parole — André Chénier a de funestes antécédents. Sa plume a déchiré, comme une griffe, tous les vrais patriotes; il a des ennemis parmi les puissants du jour, et dans les rigoureuses extrémités de répression où nous sommes, il est impossible que ce jeune homme trouve sa grâce devant notre tribunal.

— Quoi! monsieur, André Chénier ne trouverait pas un seul défenseur parmi ses juges! — s'écria madame de Pressy — et vous qui êtes rigoureux, mais intègre, vous qui êtes juge, mais juste, vous réunirez votre voix aux voix qui le condamneront!

— Madame — dit Mouriez avec un sourire plein de menaces — vous faites, à votre insu, en ce moment, une démarche bien imprudente, bien dangereuse... une démarche que nos lois révolutionnaires punissent avec une légitime sévérité. Vous venez influencer le jugement d'un magistrat.

— Eh bien! monsieur — dit la comtesse avec des lèvres pâles — dénoncez-moi... dénoncez une femme qui vient généreusement à vous pour vous conseiller un acte de justice et d'humanité!

— Eh bien! madame — dit Mouriez d'une voix qui semblait radoucie — je voudrais bien savoir qu'elle serait ma récompense, si je suivais ce conseil.

— La récompense d'une bonne action, monsieur, on la trouve dans son cœur; notre conscience nous applaudit quand nous faisons une chose juste qui nous rapproche de Dieu. Nous y gagnons la sérénité de la vie, et nous y perdons les tortures du remords. Comment voudriez-vous être mieux récompensé!

— Alors, madame, dit Mouriez sèchement, alors vous ne m'avez pas compris.

Madame de Pressy garda le silence.

— Ou bien, poursuit Claude, vous avez feint de ne pas me comprendre.

La jeune femme se leva et fit un pas vers la porte; Claude lui barra le chemin, et croisant les bras sur sa poitrine et secouant la tête, où ses cheveux ondoyaient comme des crinières de lion :

— Madame, dit-il, un jour aussi, moi, je vous ai demandé ma grâce; un jour aussi ma vie était en vos mains, et avec quel air de superbe insolence vous avez regardé le délire de mon esprit, le désespoir de mon amour! J'étais à vos pieds, et vous m'avez écrasé comme un insecte; j'étais grand, vous m'avez humilié; j'étais généreux et fort, vous avez voulu me tuer deux fois, par le dédain foudroyant de vos yeux, et par l'épée de votre mari! Quel droit avez-vous donc à ma pitié aujourd'hui? Quelle prétention étrange vous amène ici, où nulle reconnaissance ne peut vous attendre, où vous ne devez rencontrer que des mains violentes et l'implacable haine de l'amour!

— Je me suis trompée, monsieur — dit la comtesse en relevant fièrement la tête — mon erreur vous honorait... permettez-moi de sortir.

— Non, madame, vous ne sortirez pas ainsi avec ces airs de triomphe; vous en sortirez criminelle ou humiliée. Je vais appeler des témoins, et vous ne les récuserez pas, et vous ne les démentirez pas. L'ex-comtesse de Pressy, chassée de Paris, est rentrée, malgré la loi, pour venir corrompre un magistrat et lui demander, au prix de l'honneur, la grâce d'un aristocrate, son amant! Est-ce clair, cela? votre présence chez moi n'est-elle pas le témoignage le plus évident de votre crime? ai-je même besoin d'introduire des étrangers pour constater ce qui est incontestable? L'infamie et l'échafaud vous attendent à ma porte, si votre orgueil ne s'humilie pas devant mon amour!

Claude saisit le bras de la comtesse, qui poussa un de ces cris comme les femmes seules en trouvent dans les villes prises à l'assaut.

A ce cri de détresse, la porte s'écroula au lieu de

s'ouvrir, et un jeune homme parut. C'était Adrien.

Marguerite, subitement délivrée des étreintes de Claude, tomba sur ses genoux en donnant deux regards d'une expression sublime, l'un au jeune homme, l'autre au ciel.

Adrien ne proféra pas une parole et ne fit pas un mouvement, mais aucun pinceau de maître ne pourrait donner à la toile l'indignation superbe qui jaillissait dans la flamme de ses yeux.

Les condamnés de Josaphat qui diront aux montagnes de tomber sur eux auront le maintien et la figure que Claude Mouriez avait en ce moment.

Le long silence qui suivit l'explosion de cette scène ne pouvait être rompu que par Adrien :

— Madame, dit-il, relevez-vous, et sortez ; s'il vous reste au fond du cœur un peu d'estime pour le nom de Mouriez, gardez secrètement en vous les choses infâmes que vous venez de voir dans cette maison.

Claude Mouriez se laissa tomber sur un fauteuil et appuya sa tête sur ses deux mains, comme un homme égaré qui va s'exciter par la réflexion au repentir.

— Monsieur, dit au jeune Adrien madame de Pressy, la visite que je faisais à votre oncle avait un but qu'il m'est impossible d'abandonner.

— Parlez, madame, dit Adrien d'un ton de maître de maison.

La comtesse alors développa le motif de sa visite, mais avec une convenance parfaite et sans rappeler aucun des incidents si défavorables à Claude Mouriez.

— Eh bien ! dit Adrien, l'expiation est trouvée, madame... Oui, vous avez mis votre confiance dans cette maison, et vous avez bien fait... le nom de Claude Mouriez restera pur. André Chénier aura un défenseur de plus parmi les magistrats du tribunal révolutionnaire, et mon oncle sera son plus ardent avocat, croyez-le bien, madame... Vous paraissez douter?... Je comprends ce doute... mais je vais laisser parler mon oncle lui-même, et vous ne douterez plus...

Et marchant vers Claude Mouricz, Adrien prit l'une de ses mains, la serra familièrement et dit d'une voix pleine de charme :

— N'est-ce pas, mon cher oncle... mon excellent père?... Vous m'avez entendu?... Ai-je trop présumé de votre cœur presque toujours si généreux?

Claude Mouriez releva la tête, et fit voir des yeux mouillés de larmes et une figure qui, par sa douceur, formait un contraste extraordinaire avec sa figure de l'autre moment. Il serra la main d'Adrien et lui dit :

— Mme de Pressy a eu raison de songer à moi pour cette grave affaire... Seulement elle a eu le tort de venir elle-même... Pourquoi ne s'est-elle pas adressée à toi, Adrien... sans me voir?... Moi, en la voyant, je suis retombé dans toutes les horreurs du délire... Ma passion commande toujours ma volonté... Je sens que ma raison s'est égarée, et je voudrais baigner de mon sang mes excuses... Au nom de Dieu, madame, ne m'approchez pas... ne me regardez pas; tant que je suis loin de vous, je suis sûr de moi....Permettez que je vous serve avec dévouement, mais sans entendre votre voix, sans regarder votre visage... Et toi, Adrien, je te jure que tu seras content... ce soir.

— C'est ce soir? — s'écria involontairement Mme de Pressy.

— Oui, madame — dit Claude sans la regarder — c'est ce soir qu'André Chénier comparaît devant le tribunal révolutionnaire, c'est-à-dire devant l'échafaud.

— Maintenant, madame, dit Adrien, je réponds de mon oncle, et si, comme je n'en doute pas, vous avez le courage des femmes de cette époque, vous assisterez vous-même au procès, à côté de moi. Notre présence donnera plus d'énergie ancore aux bonnes résolutions de Claude Mouriez.

— J'y serai — dit madame de Pressy d'une voix éteinte.

— Eh bien ! madame, dit Adrien, j'aurai l'honneur de vous accompagner au tribunal ; je puis entrer aux places réservées...

— Je suis prête — dit Mᵐᵉ de Pressy en marchant vers la porte.

— Oui, madame — dit Claude le visage collé sur la vitre d'une fenêtre de la rue — vous serez contente de moi.

Adrien offrit son bras à madame de Pressy en lui disant :

— Il faut nous hâter cependant ; car les places réservées sont enlevées quelques fois par des protégés arrivés les premiers.

Angélique, qui attendait dans la rue en souffrant d'horribles angoises, revit la comtesse avec une vive expansion de joie.

— Angélique, lui dit la jeune femme, n'ayez aucune crainte ; je suis avec de bons amis ; allez m'attendre à Chaillot, et ne vous inquiétez de rien si je suis trop en retard.

Les habitués du tribunal révolutionnaire n'avaient pas quitté la salle, même après les deux séances du matin ; il ne restait que fort peu de places sur les banquettes privilégiées ; mais Adrien, très-connu des huissiers, parvint à faire asseoir Mᵐᵉ de Pressy à très-peu de distance du tribunal, et il se plaça debout à côté d'elle, dans l'embrassure d'une fenêtre. On entendait retentir au dehors le chant de *Ça ira !* car la *Marseillaise* avait émigré aux armées ; les voix des chanteurs étaient pourtant très-affaiblies ; on devinait que l'ivresse du sang se changeait en torpeur, et que l'échafaud voyait s'éclaircir la foule de ses courtisans.

Mme de Pressy compta une à une les minutes séculaires des deux heures qui devaient s'écouler avant la reprise des séances du tribunal.

Enfin, on entendit un mouvement extraordinaire dans la salle voisine, et les accusés, au nombre de vingt-huit, vinrent s'asseoir à la barre. On voyait là des hommes et des femmes de tout âge et de toute condition. Le greffier mêlait aux noms obscurs les noms éclatants comme ceux de Montmorency, Montalembert, Roucher, baron de Trenck. Au nom de Chénier, madame de Pressy leva les yeux et vit l'illustre poëte debout et calme comme le plus héroïque de ses aïeux grecs les stoïciens.

André tenait à la main une feuille de papier et lisait pour la dernière fois les derniers vers que la voix du geôlier avait interrompus dans le préau de la Conciergerie : ces vers doivent trouver leur place ici :

Comme un dernier rayon, comme un dernier zéphyre
  Anime la fin d'un beau jour,
Au pied de l'échafaud, j'essaie encore ma lyre,
  Peut-être est-ce bientôt mon tour !
Peut-être avant que l'heure, en cercle promenée,
  Ait posé sur l'émail brillant,
Dans les soixante pas où sa route est bornée,
  Son pied sonore et vigilant,
Le sommeil du tombeau presse à mes paupières ;
  Avant que de ces deux moitiés
Ce vers que je commence ait atteint la dernière,
  Peut-être en ces murs effrayés
Le messager de mort, noir recruteur des ombres,
  Escorté d'infâmes soldats,
Remplira de mon nom ces longs corridors sombres

. . . .

Le dernier vers n'a jamais été fait !

André Chénier plia soigneusement la feuille et se retourna vers l'auditoire comme pour y chercher un dépositaire digne de ses derniers vers.

En ce moment, le soleil du 24 juillet descendait sur l'horizon, et une gerbe lumineuse, qui allait s'éteindre, entra comme un incendie dans la salle du tribunal, et éclaira le plus beau visage que la douleur ait assombri depuis la divine mère qui pleurait au Golgotha.

Le poëte vit cette noble et pâle figure, dont les yeux fixes se liaient aux siens ; il reconnut sur-le-champ madame de Pressy, et tout ce que la reconnaissance peut faire éclater d'expression sublime dans un mouvement, un geste, un regard, fut révélé à la jeune femme. Cette merveilleuse pantomine du poëte semblait être la traduction fidèle du touchant cantique de Siméon (1).

Le tribunal était entré. Claude Mouriez se plaça contre l'angle de la table du côté de son neveu et de Mme de Pressy, mais ses regards ne cherchèrent rien dans la salle ; son attitude était imposante sans affectation, et formait un singulier contraste avec le maintien vulgaire des collègues ses voisins. Adrien, qui connaissait son oncle et qui devinait toujours ce qu'il allait faire de bien ou de mal, parut très-satisfait de ses conjectures et les communiqua en deux mots glissés à l'oreille de Mme de Pressy.

La jeune femme se tenait dans les limites d'une réserve pleine de prudence ; si elle eût été seule dans cette salle, elle n'aurait regardé qu'André Chénier ; mais trop de regards scrutateurs tourbillonnaient sous la voûte de ce prétoire : il fallait se méfier des moindres soupçons et faire violence à sa volonté ; Mme de Pressy observait donc indistinctement les juges, les accusés, les spectateurs, de l'air d'une femme qui ne porte intérêt à personne et qu'une curiosité vulgaire amène au tribunal.

(1) *Nucdimittis servum tuum, Domine...*

XXXVII.

La veille du 9 thermidor.

La séance fut orageuse, et le greffier lut l'acte d'accusation des vingt-huit.

Les avocats étaient absents, comme jugés inutiles; il s'agissait seulement de constater l'indentité, forme expéditive inventée par Fouquier et Collot d'Herbois.

La lecture de l'acte d'accusation d'André Chénier fut écoutée avec un silence religieux par un public ordinairement très-orageux, et qu'une chaleur accablante étouffait ce jour-là, dans un prétoire pestilentiel.

Cet acte mérite une mention spéciale, surtout à cause de l'incident qu'il souleva, et qui n'a point d'exemple dans les fastes judiciaires d'un pays.

«Antoine-Quentin Fouquier, dit Tinville, accusateur public du tribunal révolutionnaire. expose qu'en vertu d'arrêté du comité du salut public de la Convention nationale André Chénier, âgé de trente et un ans, né à Constantinople, homme de lettre, ex-adjudant-général et chef de brigade sous Domouriez, demeurant rue de Cléry, 97, a été traduit au tribunal révolutionnaire comme prévenu de s'être déclaré ennemi du peuple.

» André Chénier, ayant cherché comme bien d'autres à se soustraire à la surveillance des autorités publiques, s'est confondu parmi ses défenseurs (les défenseurs de la surveillance) où il a eu le grade d'adjudant-général, chef de brigade de l'armée du Nord. Il paraît qu'il a secondé le plus adroitement qu'il a pu les trahisons de l'infâme Dumouriez, avec lequel il a eu des liaisons les plus intimes; mais après la défection du traître Dumouriez, il s'est occupé delaisser ignorer la part qu'il y avait prise.

» Cependant les soupçons que sa conduite avait élevés déterminèrent le ministre à le susprendre, et à lui ordonner de se retirer dans le commune de Breteuil ; là, il intrigue, il cherche à diviser les citoyens, à y jeter le ferment de la guerre civile ; il calomnie les autorités constituées dans un mémoire calomnieux, qu'il fait signer par des citoyens qu'il trompe et qu'il égare...

» D'après l'exposé ci-dessus, l'accusateur public a dressé la présente accusation... »

André Chénier se leva et demanda la parole.

— Parle, et sois bref dit un juge.

— Je serais bref dit Chénier avec calme. L'acte d'accusation ne renferme que des erreurs matérielles très-évidentes, Je n'ai jamais été adjudant-général, ni chef de brigade. Je n'ai jamais servi dans l'armée du Nord ; ma carrière militaire n'a duré que six mois ; elle est antérieure à 89. J'ai passé comme sous-lieutenant, ces six mois en garnison à Strasbourg ; je n'ai jamais connu, ni même vu le général Dumouriez. Je n'ai jamais habité la commune de Breteuil, je n'ai jamais rédigé aucun mémoire ; enfin, je n'ai rien de commun, le nom excepté, avec le personnage désigné par l'acte d'accusation.

Tout cela est très-vrai — dit Claude Mouriez qui annonçait déjà par des murmures sourds une explosion prochaine.

Le volcan préparait ses laves.

Antoine-Quentin Fouquier, dit Tinville regarda Claude d'un œil d'orfraie, et se levant avec une solennité magistrale :

— Je m'étonne — dit-il — de trouver un contradicteur parmi les membres du tribunal.

— Parbleu ! — dit Claude en frappant la table avec son poing de fer — tu t'étonne bien facilement, toi !

mais tout le monde ici dément cet acte d'accusation. C'est une fable d'un bout à l'autre. Le citoyen accusé André Chénier est connu comme moi. C'est un écrivain ; il n'a jamais servi ; il n'a jamais été officier supérieur. Demandes au premier venu. Où diable as-tu pris ces renseignements ?

Un murmure favorable d'assentiment courut dans l'auditoire. L'huissier même sourit en signe d'approbation.

Antoine-Quentin Fouquier prit son acte d'accusation à deux mains, et le relut, ou du moins il fit semblant de le relire, pour imaginer quelque expédient.

— Oh ! lui dit Claude, tu as beau lire ton acte ! quand tu le relirais jusqu'à demain, cela ne le rendrait pas véridique.

Un juré prit la parole et dit :

— Je vois d'ici plusieurs citoyens qui demandent à prendre la parole pour soutenir le dire du citoyen juge Claude Mouriez.

Fouquier lança un regard foudroyant sur l'auditoire et dit : — Le tribunal révolutionnaire n'écoute ni les avocats ni les témoins ; il ne s'éclaire que par sa conscience, et il est infaillible. Au moindre tumulte, je fais évacuer la salle. Ainsi que personne ne trouble le tribunal dans son recueillement.

— Mais c'est toi qui nous trouble ! — dit Claude Mouriez en allongeant un bras cyclopéen vers l'accusateur public. — S'il est reconnu par tout le monde que ton acte d'accusation repose sur des faits complétement faux, eh bien ! reconnais ton erreur ou ta distraction, et ordonne la mise en liberté d'André Chénier.

Fouquier, pâle sur son estrade, relisait toujours l'acte, et le frappant du revers de sa main droite, il s'écria :

— Tout cela pourtant est écrit sur des renseignements authentiques ! je ne puis pas avoir inventé tout cela.

— C'est justement ce que tu as fait, dit Claude, mais sans mauvaise intention probablement... Allons ! passons outre, et ordonnons la mise en liberté de ce pauvre nourrisson des Muses. Il n'est pas dangereux, cet enfant.

L'auditoire continuait son approbation par un murmure bienveillant et doux qui déchirait l'oreille de l'accusateur public.

Un des juges se leva et vint dire quelques mots à voix basse à Fouquier.

Ce juge était le représentant de Collot-d'Herbois.

Fouquier écouta très-attentivement ce que lui disait cet homme, et parut très-satisfait. Le juge reprit sa place.

— Citoyens — dit Fouquier en étendant ces deux mains vers l'auditoire — citoyens, l'incident puéril qui vient d'être soulevé a déjà fait perdre un temps précieux au tribunal...

— Il est puéril, cet incident ! — s'écria Claude, en frappant la table. — Ah ! il est puéril !

Plusieurs jurés et les autres juges se levèrent furieux pour imposer silence à leur collègue, et Fouquier, se voyant ainsi soutenu par une bonne fraction du tribunal, s'écria :

— Rien ne doit interrompre le cadre de la justice. Nous allons prononcer la mise en accusation des interrupteurs, quels qu'il soient.

Ici les murmures ne furent pas favorables ; mais Fouquier feignit de n'en pas comprendre le sens exact, et continua :

— Nous allons donc passer outre, et rejeter l'incident...

— Puéril ! — dit en à-parte Claude.

Adrien regarda son oncle avec cet air qui veut dire : Modérez-vous, ne compromettez pas en défendant.

Mouriez devina le signe; il allongea ses bras sur la table et appuya sa tête sur eux, en fermant ses yeux à demi, comme fait le lion devant le geste du belluaire mécontent.

— L'acte d'accusation, poursuivit Fouquier, serait incomplet, s'il n'ajoutait ceci : — André Chénier est l'auteur du *supplément* du n° 13 du *Journal de Paris*, et ce grief est le plus grand de tous; il résume toute la vie criminelle d'un contre-révolutionnaire. Niera-t-on aussi qu'André Chénier soit l'auteur de cette œuvre impie?

Claude Mouriez regarda obliquement son neveu et haussa les épaules.

— Ces citoyens jurés, continua Fouquier, apprécieront, au reste, la valeur de ces dénégations et de mes assertions; mais de tout ceci, il résulte un fait patent, un fait lumineux, un fait irrécusable : André Chénier fut le rédacteur en chef du *Journal de Paris*.

— Et la liberté de la presse! interrompit Claude.

— La liberté de la presse, s'écria l'accusateur, n'autorise pas les écrits contre-révolutionnaires!

— Ah! votre liberté défend tout! — dit Mouriez avec un éclat de rire nerveux.

— Les jurés apprécieront — dit Fouquier avec une dignité fausse — vous voyez que l'accusateur public a fait preuve, pendant ces débats, d'une grande modération...

— Parbleu! envoyez-nous tous à l'échafaud! — s'écria Mouriez.

— Personne ici n'a d'injonction à me faire, dit Fouquier, et moi-même, je m'incline devant les décisions des citoyens jurés. L'affaire est instruite!

— Comment, l'affaire est instruite! s'écria Claude; personne n'en sait un mot. Est-ce ainsi que la justice joue avec vingt-huit têtes?

— Citoyen juge Claude Mouriez, dit Fouquier, vous

n'êtes ici l'avocat de personne, et je vous dirai une dernière fois que le tribunal ne veut pas d'avocats, et n'a pas le temps de les écouter.

La délibération commença. Les vingt-huit accusés s'entretenaient fort paisiblement et par groupes comme s'il se fut agi d'un procès criminel qui leur fût étranger. Dans ces malheureux temps, la France donnait encore au monde les plus nobles exemples d'héroïsmes antiques ; ses enfants savaient mourir en riant sur les champs de bataille comme sur les échafauds. Ainsi, malgré les excès politiques, l'honneur du pays restait intact.

André Chénier profita d'un moment de tumulte, et étendant le bras de toute sa longueur, il put atteindre la main de madame de Pressy et lui donna ses derniers vers.

Marguerite reçut le papier avec le respect qu'une première chrétienne donnait aux reliques d'un martyr.

La nuit couvrait la salle, et deux lampes seules jetaient de sinistres lueurs sur les accusés, le tribunal et l'auditoire. On annonça l'arrêt ; un grand silence se fit.

Le président ne fit aucun résumé ; il nomma les accusé, et la liste épuisée, il prononça contre tous, moins un, la peine de mort.

Un cri de douleur stridente retentit sous les voûtes de ce prétoire d'injustice ; mais l'obscurité couvrit la femme qui venait de ressentir cette poignante douleur.

Adrien seul comprit tout : il prit la main de la comtesse de Pressy et la serra.

Mais, presque en même temps, ce cri de l'angoisse suprême fut dominé par un coup de foudre sorti d'une poitrine d'airain. Une voix formidable éclata ; elle disait

—Vous venez de faire une chose horrible ; vous êtes un tribunal d'assassins ! Est-ce ainsi que vous voulez inspirer au peuple l'amour de la République ! Vingt-sept têtes livrées à la main du bourreau ! une seule épargnée au hasard ! Atroce dérision ! humanité horriblement bouffonne ! on absout un homme pour avoir l'honnête prétexte d'en égorger vingt-sept !...

La voix de Fouquier, unie au glapissement du juge ami de Collot d'Herbois, essaya d'éteindre par la menace, l'ardente colère de Claude Mouriez. L'ex-proconsul de Versailles n'était pas homme à se laisser intimider par des poltrons qui se servaient de la terreur pour cacher leur lâcheté au pays. Claude renversa la table du tribunal, et s'armant d'un support il s'écria d'une voix de tonnerre :

— Laissez-moi passer ! laissez-moi sortir de cette caverne de tigres ? Adrien ! Adrien ! où es-tu ? Viens me joindre ! Viens ! laissons tous ces hommes dans leur ignominie de sang, Viens, Adrien ! allons aux armées ! allons aux batailles héroïques ! allons à la gloire et à l'honneur !

Adrien fit appuyer sur son bras Mme de Pressy mourante, et monta sur l'estrade où Claude Mouriez foudroyait Tinville et Collot-d'Herbois.

Des hommes armés entouraient les condamnés du 7 thermidor, et empêchaient toute communication. Claude Mouriez descendit, perça la foule des gardes avec cette audace souveraine qui supprime tout obstacle, et serrant André Chénier dans ses bras, il lui dit :

— Quand un homme de génie comme toi périt sur l'échafaud les bourreaux ne tardent pas d'y monter. Adieu, mon ami ! Je ne suis plus juge je suis soldat.

La comtesse de Pressy avait été entraînée par Adrien jusqu'à l'illustre poëte, en suivant le sillon que le bras puissant de Claude venait d'ouvrir, André Chénier poussa un cri de joie, et ses lèvres se collèrent sur la la bouche de la jeune femme. Voilà mon hyménée accompli ! — s'écria-t-il dans le délire de l'extase. — La mort me sera douce demain.

Les gardes et la foule pleuraient ; on comprenait que cette horrible *fournée* était la dernière ; quelques-uns même espéraient un meilleur lendemain.

On se trompait d'un jour.

Claude Mouriez offrit son bras à Marguerite et sortit fièrement du prétoire sans trouver le moindre obstacle, quoique Fouquier-Tinville, eût déchaîné contre lui quelques-uns de ses plus intrépides limiers.

Arrivé dans la rue, Claude Mouriez dit à Marguerite et à son neveu : Quelque chose me dit que cette hécatombe ne s'accomplira pas. On ne veut plus voir du sang ; Paris se révolte contre ces trois guillotines. Ainsi, madame, espérez, espérez ! Une nuit à notre époque est féconde en événements, les augures sont favorables. Si le mois dernier un homme, même l'ami intime de Robespierre eût osé dire et faire dans un prétoire ce que j'ai dit et fait, le peuple et les soldats l'auraient haché en morceaux sur la place. Voyez comme mon audace reste impunie ! Oh ! c'est que j'ai bien compris le moment ! j'ai bien flairé toutes les sympathies qui fermentaient autour de moi, même parmi les jurés.

— Vous avez donc quelque espoir ? demanda la jeune femme d'une voix éteinte.

— Oui, madame, très-grand. D'abord, je cours de ce pas chez Robespierre...

— Au nom de Dieu ! interrompit madame de Pressy — n'y allez pas ; cette visite ne servirait à rien, et vous perdrait peut-être. Après ce que vous venez de faire, Robespierre doit être déjà furieux contre vous, car déjà Fouquier-Tinville a fait son rapport.

— Madame, dit Mouriez, nous allons vous accompagner jusqu'à votre maison, Adrien et moi ; nous passerons la nuit en ville, nous, et nous verrons nos amis. —

Demain, au lever du soleil, Adrien ira vous voir et vou
instruira de tout ce que nous aurons fait.

La jeune femme inclina la tête, et ne voulut plu
contrarier les bonnes intentions de ses nouveaux et
fervents amis.

Une lueur d'espoir rayonnait dans les ténèbres ; l
regards de toute une ville là voyaient aussi cette lueu

Sur le seuil de la porte de sa maison, Claude Mo
riez salua respectueusement Mme de Pressy, et dit
Adrien :

— Accompagne Madame la comtesse, recommande
à ma bonne gouvernante, et descends vite, je t'attend

Madame de Pressy saisit la main de Claude et la bais
Mouriez tressaillit convulsivement, et dit :

— Madame, vous méritez bien qu'on meure po
vous, à cette époque surtout où il est si facile de mouri

— A demain ! — répondit Marguerite ; et elle ent
dans la maison.

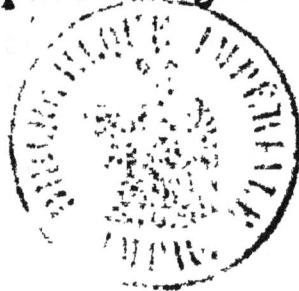

www.ingramcontent.com/pod-product-compliance
Lightning Source LLC
Chambersburg PA
CBHW051735090426

42738CB00010B/2266